中学校音楽サポートBOOKS

超一流の指揮者がやさしく書いた合唱指導の本

黒川 和伸 著

明治図書

はじめに

　本書は，突然合唱部の顧問をすることになった悩める若い先生方，合唱コンクールの指導をすることになった学級担任の先生，そして，パートリーダーや学生指揮者など，部の指導的立場になった合唱部員のために書きました。

　今から20年前，筆者が合唱指導の真似事を始めたころは，インターネットもなく，指揮法や発声は本屋さんで買った一冊の本をもとに，ああでもないこうでもないと研究したり，外国語曲の対訳を探して大きい図書館に行ったり，選曲は楽譜店に通ってよい曲がないかなと楽譜やCDを探したりしていた時代でした。
　今やインターネットであらゆる情報が入手できます。しかしながら，合唱指導の実践に関する悩み事は，インターネットでもなかなか解決できないのも事実です。その理由の一つは，合唱指導が指導者と学習者とのかかわりの中に存在するからでしょう。

　本書を利用すれば，現在の指導経験にかかわらず，合唱指導に必要な基本的な知識を得ることができます。筆者は専門性（合唱指導者にとっては指導力）を身につけることが，先生方の指導者としてのやりがいや，自信につながると信じています。また，反対にやりがいを感じられるようになると，指揮も，指導技能の習得もさらに早まるでしょう。

　指導者が学び，かかわり方が変われば学習者たちの歌声は必ず変わります。学習者たちの歌声が変われば，学習者たちの生活が変わり，学習者たちの生活が変われば，学校が変わり，日々が変わります。

もちろん，本を読んだだけで優れた合唱指導者になった人はいません。本書に書いてあることを実践してみること，そして，それらを省察し，工夫を加えて再び実践することが，最もよいレッスンになります。そして，それによってあなたのオリジナルの合唱指導法が生まれるでしょう。

　本書は，読み進めるにつれて，段々ステップアップしていくような構成になっています。もちろん，必要に合わせて飛ばし読みしても OK です。明日の合唱指導から早速使ってみてください。もちろん，時間があれば，顧問の先生であればご自身が合唱団に所属して実際に合唱活動を経験することや，合唱の演奏会に通い，すばらしい合唱団のメソードをよく観察することも，さらなる学びになります。

　皆さんは，有名な指揮者の言葉に「下手なオーケストラがあるのではない。下手な指揮者がいるだけだ」というものがあるのをご存知かもしれません。合唱指導の勉強を始める前に，この言葉をもじって，あえてこの言葉を皆さんに投げかけます。

　「下手な部員がいるのではない。下手な指導者がいるだけだ」

　さあ，一緒に合唱指導の勉強を始めましょう。

2017年5月

黒川和伸

本書の使い方

頭から読み進める

　読み進めるにつれて，段々ステップアップしていくような構成になっています。

Part 1　何問正解できる？　最低限おさえたい音楽用語
　まずは簡単なクイズで腕試し。あなたは何問正解できますか？
Part 2　未経験でもよくわかる！　合唱指導のポイント　基礎編
　合唱指導を行うための基礎的な知識をまとめました．専門的な内容をゼロから理解できるように構成してあります。
Part 3　短期間で上達する！　合唱指導のポイント　実践編
　一歩進んだ合唱指導のためのTips（コツ）を集めました。合唱練習のマンネリ化対策にももってこいの練習法を含んでいます。
Part 4　日々の練習に使える！　合唱のための身体・声づくり
　よい合唱をするためにはよい発声が必要です。ここに書いてあることを実践することで，未経験でも発声指導を行えるようになるでしょう。
Part 5　成功間違いなし！　合唱コンクールに向けての指導
　合唱コンクールの指導がはじめてでも焦らない。細かいスケジュールや，取り組むにあたっての様々な留意点を取り上げています。
Part 6　さらにレベルアップさせる！　上級者のためのキーワード
　合唱指導を行うために知識面でぜひおさえておきたい内容をまとめました。この内容をおさえることで，自信をもって合唱指導を行うことができるでしょう。

課題に出会ったときに該当箇所を読む

　課題に出会ったときに該当箇所を読むことも可能です。全体のつながりはわからなくても，たいていの章はそれだけを読んでも理解できると思います。

掲載されている練習法をやってみる

　本書に書いてある練習法を実際に練習で実践してみましょう。どれも筆者が日々行っているものばかりです。役に立ちそうなものをこれまでの練習メニューに加えてみてください。

質問はTwitterで

　本書の内容についての疑問点を，筆者のTwitterにリプライすることで筆者に直接質問することができます（もしよかったら，フォローもよろしくお願いします）。
黒川和伸・Twitterアカウント
@chorusmasterK

Contents

はじめに
本書の使い方

Part1
何問正解できる？
最低限おさえたい音楽用語

Part2
未経験でもよくわかる！
合唱指導のポイント　基礎編

- 01　「話し声」と「歌声」の違い……30
- 02　腹式呼吸……32
- 03　息の通り道……34
- 04　姿勢……36
- 05　「地声」のコントロール……38
- 06　口の開け方……40
- 07　母音 i 〜他の母音もつかみやすくなる母音……42
- 08　母音 e 〜得意・不得意が分かれる母音……44
- 09　母音 a 〜実は難しい母音……46

- 10 母音o〜こもりやすい母音……48
- 11 母音u〜響きにくい母音……50
- 12 子音k・子音（n）g……52
- 13 子音s・子音z……54
- 14 子音t・子音d……56
- 15 子音h……58
- 16 子音f・子音v……60
- 17 子音n・子音m……62
- 18 子音b・子音p……64
- 19 子音y……66
- 20 子音l・子音r……68

Part3

短期間で上達する！
合唱指導のポイント　実践編

- 01 歌いだしと歌いおわり〜安定した発声法を育てる……72
- 02 適切な言葉がけ〜大人の発音に変える……74
- 03 ア・カペラ〜音程改善を図る……76
- 04 母音唱〜よい響きのイメージをもたせる……78
- 05 フレーズ読み〜感情を伝達させる……80
- 06 ミーティング〜生徒の自主性を育てる……82
- 07 歌詞を読ませる指導〜情景をイメージさせる……84
- 08 背景知識の紹介〜作詞・作曲者への理解を深める……86
- 09 音程がとれない子への配慮……88

- 10 リズムがとれない子への配慮……90
- 11 変声期の子への配慮……92

Part4

日々の練習に使える！
合唱のための身体・声づくり

- 01 合唱に必要な筋肉トレーニング……96
- 02 発声前のストレッチ……98
- 03 ウォーミングアップのための発声練習……100
- 04 課題克服のための発声練習……102

Part5

成功間違いなし！
合唱コンクールに向けての指導

- 01 選曲の仕方……106
- 02 パート分け……108
- 03 パートリーダーの決め方・育て方……110
- 04 伴奏者の決め方・育て方……112
- 05 音とり……114
- 06 練習中の列の並び方……116

- 07 舞台上での列の並び方……118
- 08 指揮法……120
- 09 アインザッツ……122
- 10 アイコンタクト……124
- 11 指揮を置かない小編成のアンサンブル……126
- 12 本番前の指導法―2週間前……128
- 13 本番前の指導法―1週間前……130
- 14 本番前の指導法―3日前……132
- 15 本番前の指導法―前日……134
- 16 本番前の指導法―当日……136
- 17 演奏の振り返り……138

Part6

さらにレベルアップさせる！

上級者のためのキーワード

- 01 歌声の理想「明るくて深い声」……142
- 02 多くの発声課題を解決する技術「支え」……144
- 03 よく飛ぶ声をつくる音響エネルギー「歌手のフォルマント」……146
- 04 演奏の印象を決める重要な要素「フレーズの山」……148
- 05 発声技術の二本柱の一つ「ソステヌート」……150
- 06 発声技術の二本柱の一つ「アジリティ」……152
- 07 歌の真髄「レガート」……154

Column

　学校での合唱指導に音楽の専門知識は必須か……28

　合唱指導は未経験でもできる……70

　合唱の上達を阻む3つのカベ……94

　身体づくりの重要性……104

　本番に弱い……140

おわりに

Part1

何問正解できる？
最低限おさえたい
音楽用語

まずはじめに，合唱指導を行ううえで最低限おさえたい音楽用語を取り上げます。「そんなこと知っているよ！」と思われる読者も多いとは思いますが，ここでは学習指導要領に載っているレベルの用語＋特に合唱にかかわる用語をクイズ形式で確認していきましょう。まず，例題です。

> **例題**
> 　英語で書かれた音楽辞典 MATTHEW HOCH『A DICTIONARY FOR THE MODERN SINGER』（Rowman&Littlefield Publishers）には，強弱記号の「piano　ピアノ」は何と定義されているでしょうか？
> 　A．Weak　弱い
> 　B．Soft　柔らかい
> 　C．Small　小さい

> **例題の答え**
> 　B．Soft　柔らかい
>
> **解説**
> 　ピアノは「Weak　弱い」や，「Small　小さい」ではありません。
> 　英語で書かれた音楽辞典には，ピアノは「Soft　柔らかい」と書かれています。ピアノで歌うときに，声が弱々しくなったり，萎縮して小さくなったりしないように指導する必要があります。
>
> **言葉がけのヒント**
> 　「ピアノは柔らかく」

　次からは，ページを開かないと，問題の答えがすぐに見えないようにしています。さて，皆さんは何問正解できるでしょうか？

問題.1

英語で書かれた音楽辞典 MATTHEW HOCH『A DICTIONARY FOR THE MODERN SINGER』(Rowman&Littlefield Publishers) には，強弱記号の「forte　フォルテ」は何と定義されているでしょうか？

A. Loud　　（声などが）大きい
B. Noisy　　やかましい
C. Rough　　耳障りな

問題.1の答え
　A．Loud　（声などが）大きい

解説
　この問題は，例題よりも簡単だったと思います。
　英語で書かれた音楽辞典には，フォルテは「Loud　（声などが）大きい」と書かれています。フォルテが「Noisy　やかましい」や，「Rough　耳障りな」にならないようにしましょう。
　ただし，Loudにも「（声が大きすぎて）うるさい，けたたましい，騒々しい」という意味があるので注意しましょう（笑）。

言葉がけのヒント
　「フォルテがうるさい，けたたましい，騒々しいにならない」

問題.2

「cresc.」「dim.」は、それぞれ「crescendo」「diminuendo」の略ですが、crescendo, diminuendo の語尾、イタリア語の -endo は英語の何にあたるでしょうか？

　A．現在分詞や進行形などをつくる「-ing」
　B．複数形をつくる「-s」
　C．過去分詞や過去形、受動態などをつくる「-ed」

問題. 2の答え
　A．現在分詞や進行形などをつくる「-ing」

解説
　crescendo，diminuendo の語尾，イタリア語の -endo は英語の「-ing」と同じく進行形をつくります。したがって，crescendo は「段々強く」，diminuendo は「段々弱く」という意味になります。
　また，
ritardando 　　…段々緩やかに
accelerando　　…次第にテンポを速めて
となります。

言葉がけのヒント
　「-ando，-endo は進行形」

問題.3

「レガート」「スタッカート」は，それぞれイタリア語で「legato」「staccato」と綴りますが，legato, staccato の語尾，イタリア語の -ato は英語の何にあたるでしょうか？

　A．現在分詞や進行形などをつくる「-ing」
　B．複数形をつくる「-s」
　C．過去分詞や過去形，受動態などをつくる「-ed」

問題. 3 の答え
　C．過去分詞や過去形，受動態などをつくる「-ed」

解説
　legato，staccato の語尾，イタリア語の -ato は英語の過去分詞や過去形，受動態などをつくる「-ed」に相当します。もとのイタリア語では，レガートは「結ばれた，つながれた」，スタッカートは「分離した」という意味です。
　つまり，
legato　　…音をなめらかにつないで
staccato　…音を切り離して
となります。

言葉がけのヒント
　「-ato，-uto は過去分詞や過去形，受動態などをつくる」

問題. 4

「タイ」と「スラー」は，どちらも楽譜上に書かれている弧線ですが，「タイ」と「スラー」の違いを述べた文として，最も適切なものは次のうちどれでしょうか？

 A. 小節線をまたぐのが「スラー」，小節線をまたがないのが「タイ」である。
 B. 同じ高さの音を結ぶのが「タイ」，異なる高さの音を結ぶのが「スラー」である。
 C. どちらも同じものである。

問題.4の答え

B．同じ高さの音を結ぶのが「タイ」，異なる高さの音を結ぶのが「スラー」である。

解説

同じ高さの音を結んでいるのが「タイ」，異なる高さの音を結んでいるのが「スラー」です。

言葉がけのヒント

「同じ高さの音を結ぶのがタイ，異なる高さの音を結ぶのがスラー」

問題.5

息継ぎ位置を楽譜上に明示しているブレス記号（V）の説明として，最も適切なものは次のうちどれでしょうか？

A. ブレス記号（V）以外の場所で息継ぎをしてはならない。
B. ブレス記号には，（V）の他にもカンマ（'）が使われることがある。
C. ブレス記号（V）は，歌の楽譜にのみ使用される。

問題. 5の答え

B．ブレス記号には，（V）の他にもカンマ（ ' ）が使われることがある。

解説

歌の楽譜でも，ブレス記号（V）による息継ぎ位置の指示が一切なかったり，必要最低限の箇所にしかブレス記号（V）がなかったりします。したがって，楽譜にブレス記号（V）による息継ぎ位置の指示がない場合，歌い手は自然な箇所で息継ぎをする必要があります。

また，ブレス記号（V）は，歌の楽譜以外にも，管楽器の楽譜などに使用されます。

言葉がけのヒント

「ブレスマーク以外でも自然なブレスを心がける」

問題.6

　以下の速度記号を，左から速度が速い順に並べたものとして，最も適切なものは次のうちどれでしょうか？

Allegro
Allegretto
Andante
Andantino
Moderato

　A．Allegro—Allegretto—Moderato—Andantino—Andante
　B．Allegro—Allegretto—Moderato—Andante—Andantino
　C．Allegretto—Allegro—Moderato—Andante—Andantino

問題.6の答え
　A.　Allegro—Allegretto—Moderato—Andantino—Andante

解説
　この問題は，少しややこしいと感じた人がいるかもしれません。まずはじめに，速度記号の意味を確認しましょう。
Allegro　　　…快速に
Allegretto　 …やや快速に
Andante　　 …歩くような速さで
Andantino　 …アンダンテよりやや速く
Moderato　　…中くらいの速さで
　まず，Allegro，Andante，Moderato の3つを左から速度が速い順に並べると，以下のようになります。
Allegro—Moderato—Andante
　次に，Allegretto と Andantino です。速度記号の語尾に接尾語がつくと，意味が強まったり，弱まったりします。強める場合は Moderato から遠い方向に，弱める場合は Moderato に近づく方向に速度が変化します。-etto，-ino はいずれも意味を弱める接尾語です。
　Allegro に，意味を弱める接尾語である -etto がつくと速度が遅くなります。反対に Andante に，意味を弱める接尾語である -ino がつくと速度が速くなります。したがって答えは，Aです。アレグロはイタリア語で「陽気，明るい」などの意味をもちます。また，モデラートは「ほどよい」，アンダンテは「平凡な」などの意味もあります。

言葉がけのヒント
「接尾語の意味を理解して，効率よく速度記号を覚えよう」

問題. 7

「rit.（リット）」と「riten.（リテヌート）」の違いについて，より適切な説明を以下の3つから選びなさい。

A. rit.（リット）は，テンポが段々遅くなり，riten.（リテヌート）は，そこから急にテンポが落ちる。

B. rit.（リット）より，riten.（リテヌート）の方がよりテンポが遅くなる。

C. rit.（リット）とriten.（リテヌート）はまったく同じものである。

問題.7の答え

A. rit.（リット）は，テンポが段々遅くなり，riten.（リテヌート）は，そこから急にテンポが落ちる。

解説

rit.（リット）は ritardando（リタルダンド）の略であり，ritardando はイタリア語の動詞 ritardare「（速度を）遅くする」の語尾が -ando に変化したものです。-ando は英語の -ing にあたり，結果として ritardando は「段々緩やかに」という意味になります。

それに対して riten.（リテヌート）を省略せずに書くと ritenuto です。ritenuto はイタリア語の動詞 ritenere「とどめる」の語尾に過去分詞をつくる -uto がついて結果として「急に速度を緩めて」という意味になり，「段々」という意味はありません。

rit.（リット）と riten.（リテヌート）は綴り字が紛らわしいので，間違いやすい楽語です。

コンクールなどで，時々「rit.（リット）より，riten.（リテヌート）の方がよりテンポが遅くなる」または，「rit.（リット）と riten.（リテヌート）はまったく同じものである」と誤解していると見受けられる演奏を耳にします。コンクールのみならず，演奏においては「指揮者が楽譜をちゃんと読めているか」が演奏上の大きな問題になりますので，読者の皆さんはこの機会にぜひ気をつけてみてください。

言葉がけのヒント

「rit.（リット）は，テンポが段々遅くなり，riten.（リテヌート）は，そこから急にテンポが落ちる」

いかがでしたでしょうか？
音楽用語クイズ，あなたは何問正解することができましたか？
間違えた問題についてはしっかり復習してください。

Column

学校での合唱指導に音楽の専門知識は必須か

　様々な地域の合唱講習会や教員研修で，たびたびいただくご質問に，「学校での合唱指導に音楽の専門知識は必須か？」というものがあります。本書を手に取っていただいた先生方の中には，音楽以外の教科の先生もいらっしゃるかと思います。「学校での合唱指導に音楽の専門知識は必須か？」というクエスチョンに対する筆者の答えは「イエス・アンド・ノー」です。

　どんなに音楽の専門知識があっても，生徒の中に入っていって彼ら彼女たちとコミュニケーションをとることができなければ，学校での合唱指導を行うことはできないでしょう。

　生徒とコミュニケーションをとることができない，「自称専門家」より，日々彼ら彼女たちとともに過ごしている先生方の方が，よい合唱指導ができると思います。

　一方，生徒が「合唱がうまくなりたい」と思ったときに，彼ら彼女たちの力を伸ばしてあげるためには，相応の専門知識が必要となります。精神論や気合いだけでは，はじめはよくても，いつか必ず伸び悩んでしまうからです。

　まとめると，「学校での合唱指導に音楽の専門知識は必須か？」というクエスチョンに対する答えは「イエス・アンド・ノー」→生徒とのコミュニケーションが大前提。そのうえで，彼ら彼女たちが「合唱がうまくなりたい」と思ったときに，力を伸ばしてあげるためには音楽の専門知識が必要だと思います。

Part2

未経験でもよくわかる！
合唱指導のポイント
基礎編

01 「話し声」と「歌声」の違い

　合唱指導を行うにあたり，まずは話し声と歌声の違いをつかんでほしいものです。そこで，それらと混同しやすい地声と裏声との違いについて確認したうえで，話し声と歌声の違い，そして，「アッポッジョ」という高度な歌唱技術についてもふれながら，それを体感させるエクササイズを紹介します。

✓ **話し声＝地声，歌声＝裏声とは限らない**
　まず，話し声＝地声とは限りません。例えば，成人女性が電話に出るときは話し声ですが，裏声になる人が多いです。よそ行きの声を出すお母さんも裏声になっています。一方，歌声＝裏声とも言えません。男声歌手は特別な場合にしか裏声を使いませんし，女声歌手もポップスやミュージカルでは歌声に地声も使います。つまり，話し声，歌声ともに地声・裏声を使うのです。
　合唱においては，男声歌手は地声を使い，女声歌手は裏声を使うことになります。そこで，まずは次のエクササイズをやってみましょう。

地声・裏声の違いを感じるエクササイズ→モノマネエクササイズ
①サイレン「ウーーー（切り替わり）う～～～～」（思い切りが肝心）
　低い地声から始めて段々音を高くしていくと途中で裏声に替わります。
②電話口のお母さん「はいもしもし（裏声）…ああ，お父さん？（地声）」
　よそ行きの高い声（裏声）で電話に出るお母さんの真似をして，次に地声に戻してみましょう。
③ヨーデル「♪ヨーロレイヒー（♪ドードドラファー）」
　裏声と地声を行き来するスイスの伝統的歌唱法のヨーデルのモノマネです。「ド」は地声，「ラファー」は裏声で歌います。

✓ 一番の違いは「一息の長さ」

　話し声と歌声では,「一息の長さ」が違います。歌は,かなりゆっくり話しているのと同じです。ゆっくり話すとは,余計に息を吐きすぎないということです。つまり,呼気（吐く息）と声帯振動（息を吐くことで,声帯が振動して声になります）のバランスをよくすることで,話し声ではなく,歌声になるということです。そして,呼気と声帯振動のバランスをよくするためには,アッポッジョという呼吸法が必要になります。

　さて,皆さんは,この「アッポッジョ」という言葉を聞いたことがあるでしょうか？　アッポッジョは,体幹から頸部の筋肉を連動させることで発声器官の3要素（呼吸管理,喉頭,声門上の声道）の連携を図る,国際的に認められた歌唱技術です。アッポッジョでは,歌うときに息を吸う体勢を長く保つことで,肺から出る空気の量を調整します（胸郭と横腹がヨコ方向に広がります）。それにより,呼気と声帯振動のバランスがよくなります。

　…ちょっと難しい話になりましたが,簡単にまとめると,アッポッジョを会得すれば,話し声から合唱に必要とされる歌声に変えることができるということになります。とは言え,アッポッジョの会得は容易ではありません。そこで,中学生や高校生でも取り組めるような次のエクササイズを紹介したいと思います。

アッポッジョの感覚をつかむエクササイズ→モノマネエクササイズ

①ハッハッハ
　豪快に笑っている人のモノマネで「ハッハッハ」と笑ってみましょう。
②クックック
　何かを企んでいる人のモノマネで「クックック」と笑ってみましょう。
③エーンエーン
　大声で泣いている子どものモノマネで「エーンエーン」と泣き声を出してみましょう。

02　腹式呼吸

　合唱指導の現場で「お腹に力を入れて！」「仰向きになったときの呼吸で」などとよく言われますが，一言で「腹式呼吸」と言っても，実際に実践されている呼吸法は様々であり，指導者の数だけ「腹式呼吸」が存在するとさえ言えます。そこで，本書では「腹壁（腹筋）を押し出して吸気した（息を吸った）結果，胸郭が下がってしまう呼吸法全般」を「腹式呼吸」と呼び，「腹式呼吸」ではなく，先の項目でも紹介した「アッポッジョ」という呼吸法を身に付けることを提案します。アッポッジョの特徴は，胸郭が引っ込まず，胸骨は下がらない点です。アッポッジョは，「腹式呼吸」とはいくつかの点で異なります。ここでは，吸気時，呼気時における「腹式呼吸」とアッポッジョの違いから，アッポッジョにおける身体の感覚について説明します。

✓ **吸気時―腹式呼吸における身体の感覚**
　a．下腹部（へそから下，丹田と呼ばれる），脇腹を意識的に膨らませる
　b．その結果，胸骨および肋骨が無意識に下がる
　c．肋骨は横には広がらない
　d．みぞおちに内臓が押される感じがある
　e．首の吸気筋は脱力している

✓ **吸気時―アッポッジョにおける身体の感覚**
　a．腹式呼吸のような下腹部が広がる動作はない
　b．胸骨を高い位置に置くために，背筋が背骨を反り返らせる
　c．体幹の吸気筋が肋骨を横に広げる（ただし心地よい，満タンではない）
　d．最大限に吸うと，横隔膜の下降により，わずかにみぞおちと脇腹が広がる（しかし，腹式呼吸のように内臓が押される感じはしない→やりすぎ

ると胸骨が下がる）
  e．首の吸気筋が喉頭の位置を安定させる（うなじのアッポッジョ）

✓ **呼気時―腹式呼吸における身体の感覚**
  a．胸骨および肋骨が無意識に上下に動く
  b．腹壁を徐々に収縮する（流派によっては歌唱が続いている間も，さらに内臓を押し広げようとする）
  c．首の吸気筋は引き続き脱力している

✓ **呼気時―アッポッジョにおける身体の感覚**
  a．腹壁の筋肉と背筋，首の筋肉が協働し，胸骨および肋骨が上下に動かず，安定している。肋骨の広がりは内外肋間筋がバランスをとりながら働き息を吸う位置に近いままである
  b．お腹の動きは固定的でなく，強弱や音高，情感を伝えたいという情動に連動した結果としての動きである（歌唱が続いている間も，内臓が押し広げられたり収縮したりすることはない）
  c．首の吸気筋が引き続き喉頭の位置を安定させる（うなじのアッポッジョ）

　歌うときに息を吸う体勢を安定させるためには，特に腹部の筋肉（腹横筋，内腹斜筋，外腹斜筋）の使い方を訓練する必要があります。そこで，細いストローを使って腹部の筋肉の使い方を訓練するエクササイズをしましょう。

息を吸う体勢を安定させるエクササイズ
　やり方は簡単です。細いストローをくわえて，練習中の曲を歌ってみてください。そのときの腹部の筋肉の緊張がアッポッジョに必要な腹部の筋肉の緊張です。一日数回でよいので，数か月続けるとアッポッジョに必要な腹部の筋肉の使い方を覚えることができるでしょう。

03　息の通り道

　息の通り道を，一般的に「気道」と呼びます。気道は，肺に通じる空気の通り道で，鼻腔・口腔・喉頭・気管・気管支などからなります。気道と対になる言葉として，「食道」という言葉があります。気道は息の通り道であり，肺につながっています。食道は食べ物の通り道であり，胃につながっています。首の中には，気道と食道という２つの管が通っていることになります。首の前方にあるのが気道，後方にあるのが食道です。

　肺から気管を通って，息が喉仏の中にある声帯を振動させることで，声はつくられます（声帯音源）。この声帯音源が，声道，つまり，咽頭喉頭および唇・舌・歯・顎・頬で構成される口腔（ハミングなどの場合は鼻腔）で共鳴することによって，豊かな響きを生み出します。
　したがって，合唱の発声において，息の通り道が問題となるのは主に，
○喉はどうやって開くのか
○息は鼻から吸うのか，口から吸うのか
○歌うとき，鼻に息は通すのか，通さないのか
の３点を考える場面においてです。

✓ **「喉を開けて！」はダメ**
　合唱指導の場面において，美しい声をつくり出すために「喉を開けて！」とよく言われますが，当然のことながら，喉を開けるというのは，声門を緩めることではありません（左右の声帯を合わせることで声を出すのですから，声門を緩めたら声は出なくなってしまいます）。また，いわゆる「気道の確保」とも違います。さらに，喉を開けようと，喉仏を下に引っ張る練習をするのも，共鳴がおかしくなる原因となります。

「喉を開ける」ためには，背筋を伸ばし，身長が一番高くなるように立ちます。同時に，軽く顎を引き，首の後ろを伸ばすと，喉頭（喉仏）の位置が少し下がります。また，あくびをこらえるようにうなじを緊張させると，喉が開いた状態を保つことができます。

✓ **息は「鼻から吸う」**

よい香りを嗅ぐように表情筋を持ち上げながら鼻から息を吸うと，軟口蓋の位置が調整されて適度な共鳴が得られます。また，体育館やホールは乾燥しているので，鼻から息を吸う方が好ましいでしょう。鼻だけで吸うのが難しければ，鼻と口，半々で吸ってもよいでしょう。

✓ **「鼻声」に注意！**

発声時，肺から気管を通って排出された息は，声門を通り，咽頭腔と口腔を通過して身体の外に出ていきます。

ここで問題になるのは，いわゆる「鼻腔共鳴」（と，一般的に日本国内で呼ばれている声）を得ようとして，鼻に息を流してしまうと，「鼻声」（開鼻声）になってしまいます。鼻声になる理由は，咽頭腔の共鳴スペースが不足したり，意識的に鼻腔に響かせようとしたりすることが原因です。

閉鼻声…休めの姿勢をとり，顎を前に突き出してみましょう。鼻がつまって鼻にかかった声になります。

開鼻声…その姿勢のまま鼻に息を通すと，甘えたような鼻に息が抜けたような鼻声になります。

正しい意味での「鼻腔共鳴」においては，咽頭腔の共鳴スペースが適度に確保されています。

04　姿勢

　姿勢をよくするということは，生徒指導的な目的からよく言われますが，姿勢をよくすることによる目的は，それだけではありません。
　姿勢は，アッポッジョとも密接に関連しています。姿勢をよくするだけで，驚くほど簡単に発声がよくなるのです。

✓ 合唱は，身体が楽器

　合唱は，身体が楽器です。身体が楽器である以上は，姿勢もまた生理学的，音響学的に，理にかなっている必要があります。
　姿勢は，発声器官の３要素（原動力＝呼吸管理，振動器＝喉頭，共鳴器＝声門上の声道）に影響を与えます。原動力は声を生み出すために必要な息，振動機は声を発生させる場所，共鳴器は声を増幅させる場所と考えるとわかりやすいと思います。
　適切な発声を生み出す発声器官の３要素の相互作用は，第一に適切な姿勢によって生み出されます。

✓ アッポッジョにおける姿勢は，「品よく立つ」

　アッポッジョにおける姿勢は，「品よく立つ」という言葉で表現されます。アッポッジョにおいて，胴の筋肉組織は，胸郭を下げないために働きます。したがって，歌唱中に胸郭が下がらないように胴の筋肉組織を働かせることが必要です。それができないことは，発声技術が十分に身についていないことを意味します。

アッポッジョにおける歌唱姿勢「品よく立つ」は、次のようにします。
①足を開きすぎない
　くるぶしの間にこぶし一つ分の隙間を開けます。肩幅では広すぎて、正しい骨盤の位置にならず、また、腹壁の筋肉が胸郭を下支えすることが難しくなります。
②下腹を引き、背筋を伸ばす、軽く胸を張り、顎を軽く引く
　「身長が一番高くなる姿勢」になります。
③吐くときに肩を動かさない、胸を落とさない
　吐くときに肩や胸が動いてしまうと、いわゆる鎖骨呼吸になってしまい、音高（音の高さ）が不安定になります。吸うときはわずかに上がってもOKです（もちろん上げすぎはNGです）。

✓ **「うなじのアッポッジョ」も重要**
　胸筋と胸郭の位置を定め、振動器＝喉頭の位置と機能を安定させるためには、特に首の筋肉組織＝うなじの緊張（うなじのアッポッジョ　appoggio della nucca）も重要です。

　まとめると、姿勢をよくするために、以下の点ができているかが重要です。生徒の様子を見て、できているかチェックしましょう。
①身長が一番高くなるように立つ
　・お腹→胸郭が落ちないように下腹を軽く引いて下支えする
　・背中→身長が一番高くなるように反り返らせる
　・肋骨→息を吸ったときの広がりを保つ
②うなじの支えは、首の前は短く、後ろは長くする
　胸が落ちたり、顎が上がったりしないように、喉・首・うなじにエネルギーをかける（痛みを感じない範囲で）。

05 「地声」のコントロール

　「大きな声で歌うように指導すると，生徒が地声で歌ってしまう，どう指導したらよい？」という質問を受けることがあります。地声とは何でしょう？　そして，どのようにすれば地声をコントロールすることができるのでしょうか？　合唱指導の現場で「地声」という言葉は，次の3つの違った意味合いで使われています。
○声区としての「地声」＝「胸声」(「裏声」の反対という意味で用いられる)
○音色が「地声的」＝「がなり声」
○支え不足からくる「地声」＝「喉声」

　大きな声で美しく歌うためには，これらをしっかり理解し，「がなり声」や「喉声」などにならないように指導する必要があります。そして，それらは次のように「アッポッジョ」を適切に行うことで，解決することができます。

✓ **「胸声と裏声の区別がつかない」の解決策**

　声区として「地声」という言葉を使う場合は，「裏声」との対比として用いられています。胸声と裏声の区別がつかず，胸声と裏声を出す感覚を理解できていない生徒が見られます。解決策は，振動器を調整することです。

振動器を調整するエクササイズ→サイレンのモノマネ

①わき腹を触る。人差し指を肋骨の下に，親指を背中側に，小指を腰骨の位置に置く。

②地声の最低音域から，裏声の最高音域まで「ウーーーー」とサイレンのモノマネをする。

②のときの体幹の感覚がアッポッジョです。

✓ 「がなり声」の解決策

　姿勢が悪かったり，口の開け方がよくなかったりして共鳴のスペースが不足すると，がなったようなうるさい声になります。解決策は，共鳴器を調整することです。

> **共鳴器を調整するエクササイズ→品のよい朗読**
> ①身長が一番高くなるように立つ（アッポッジョの姿勢）。
> ②品よく歌詞を朗読する。
> ③大きい声の出しすぎに注意する。

✓ 「喉声」の解決策

　声帯の閉鎖具合と，支え具合は連携しています。支え不足，つまり，必要なところ（腹部の筋肉など）に必要な力が入っていないと，声帯が過緊張の状態になり，押しつけたような喉声になります。解決策は，呼吸管理を調整することです。

> **呼吸管理を調整するエクササイズ→笑うようなスタッカート**
> ①わき腹を触る。人差し指を肋骨の下に，親指を背中側に，小指を腰骨の位置に置く。
> ②「ハッハッハッハッハ」と高笑いする。
> 　②のときの体幹の感覚がアッポッジョです。

　アッポッジョの感覚がどういうものか，何となくわかったでしょうか？
　これまでの項目を押さえておけば，合唱に最低限必要な歌声の基礎を身につけることができるでしょう。次のページからは，口の開け方や母音・子音など共鳴器とかかわる項目を解説します。

06　口の開け方

　合唱における口の開け方は，原則「開けすぎず，閉じすぎず」です。
　口の形は，歌いながら耳をすまして常に調整し続ける必要がありますが，一般的な原則は存在します。以下に原則を述べます。

✓ **調節できるパーツは6つ**

　口腔は，咽頭腔とともに声道を構成しています。声道の形状が共鳴に大きく影響します。声道の中で調節可能な部位は以下の6パーツです。

①唇
②顎
③舌
④軟口蓋
⑤表情筋
⑥喉頭の位置

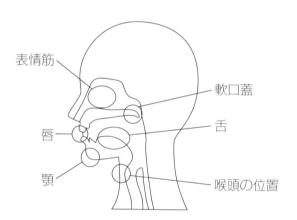

✓ **「大切なのは発声で，発音は関係ない」は不十分**

　「大切なのは発声で，発音は関係ない」という考え方も合唱の発声指導においては不十分です。発音は共鳴，つまり，声道の形状と深く関連しているからです。あ〜おの母音の調整は，呼吸エネルギーと声道の調整によって行います。呼吸エネルギーの調整とは，姿勢や呼吸により支えを増すことで，声道の調整は，特に表情筋と口の開け方によって行います。

それでは，実際に，口の開け方が声にどのような影響を与えるか検討していきましょう。ここでは，観点として「音の3要素」である，①音の高さ，②音の強さ，③音色の3観点を用いて検討しましょう。

①音の高さ
　原則として，喋る高さを超えた音域においては，喋る高さに比べてより口を開けます。特定の音の高さにはちょうどよい口の開け方（声道の配置）があります。そして，ちょうどよい口の開け方は骨格などの個人差があります。
　【低音域～中低音域（＝喋る高さ）】
　　低音域は会話に近いです。喉を開けようとして，誤って口の中の容積を広くしすぎてしまうと，共鳴のバランスが崩れて虚ろな響きになってしまいます。女声にありがちな症状ですが，低音域で口を開けすぎて，そのままの口の開け具合で中低音域を歌うと，フクロウのような気が抜けたような声の響きになってしまいます。
　【中音域（＝呼び声）】
　　中音域から高音域までで徐々に口の開け方を調整していきます。中音域では，段々口を開けていき，表情筋を持ち上げます。
　【高音域】
　　さらに口を開け，さらに表情筋を持ち上げます。口の形に注意しないと「吠え声」や「叫び声」になってしまいます！

②音の強さ
　原則として，大きい声を出すとき，小さな声を出すときより口を開けます。

③音色
　原則として，口を横に開けると音色が明るくなり，縦に開けると音色が深くなります。

07 母音 i 〜他の母音もつかみやすくなる母音

✓ はじめに—母音全般に関する注意点

　美しい母音の発音は，声道がその言語の母音にマッチしてはじめて可能になります。したがって，発声練習の多くは，姿勢や呼吸による支えを感じて母音がつぶれないようにしつつ，「シンガーズ・フォルマント」（高音域の倍音のことで，声のアタリ，ツヤをつくる重要な要素）を保持しながら，その言語の母音にマッチするように声道を調整すること（母音調整）を目的としています。

　では，日本語の母音である5母音「あ，い，う，え，お」（本書では正しく発音された母音を，母音 a，母音 i，母音 u，母音 e，母音 o と表記します）で，どのように声道の調整をしたらよいか，確認していきましょう。各々の母音には，それぞれ異なる声道の形があります。
　まず，他の母音の基礎となる母音 i から解説していきたいと思います。

✓ 他の母音もつかみやすくなる母音 i

　母音 i を発音しているときが，一番軟口蓋が上がりやすく，表情筋も自然に持ち上がります。軟口蓋が上がる感覚，表情筋が持ち上がる感覚は，よりよい響きをもった母音を出すうえで大変重要です。したがって，母音 i が上手に出せるようになると，他の母音もつかみやすくなります。

　母音 i の特徴として，5母音の中で，口腔内のサイズは最小に，咽頭腔内のサイズは最大になります。

母音 i の形

> **母音iの基本エクササイズ**
> ①子音mで「ンー」と一つの音をロングトーンして支えを感じる。
> ②子音mの後ろに母音iをつけて一つの音で「ンーミー」と歌う。このときに子音mでつかんだ支えの感覚を失わないように気をつける。

✓ **「うが混じったようになる」「母音が潰れてしまう」の改善法**

　母音iが苦手な人は,「喉を開ける」ために「口を開けて」しまって「う」が混じったような音になる人が多いです。先の項目にも触れたように,「喉を開ける」というのは単に口の形を変えることではありません。また,母音iで締めつけすぎて母音が潰れてしまう人もいます。

　いずれの場合も,姿勢や呼吸によって支えを生み出す必要があります。

✓ **「明るくて深い母音i」を目指そう**

　「明るくて深い母音i」を出せることを目標にしましょう。練習を重ねると,「潰れた『い』(明るくて浅い)」や「こもって訛った『い』(暗くて深い)」ではなく,バランスのとれた「明るくて深い母音i」を出せるようになります。この「明るくて深い母音i」が,キアーロスクーロ(明るくて深い)というすべての母音の基本になる音になります。

> **母音iの発展エクササイズ**
> 　「明るくて深い母音i」が出せるようになったら,あらゆる音域,強弱においてバランスをとれるように練習しましょう。例えば,一曲まるまる母音iで歌う練習をしてみましょう。音域が高くなったり,強弱が増したりするときは,より深く支えを感じる必要があります。つまり,肋骨の広がり具合やうなじの緊張具合を強める必要があります。

08 母音e
～得意・不得意が分かれる母音

✓ 得意・不得意が分かれる母音e

母音eは，得意な人と苦手な人が分かれる母音です。母音eが苦手な人は「喉を開ける」ために「口を開けて」しまって響かなくなってしまっています。口を開けることで喉を開けようとする誤った方法ではなく，姿勢や呼吸によって支えを生み出すことで，喉を開ける必要があります。

母音eの形

> **母音eの基本エクササイズ**
> ①子音zで「ズー」と一つの音をロングトーンして支えを感じる。
> ②子音zの後ろに母音eをつけて一つの音で「ズーゼー」と歌う。このときに子音zでつかんだ支えの感覚を失わないように気をつける。

✓「母音が潰れてしまう」「なま声になる」の改善法

声を響かせようとするあまり，締めつけすぎて「い」のように潰れたe：になってしまう人がいます。表情筋を持ち上げれば，母音を潰して母音iに近づけなくても，ちゃんと母音eが響くようになります。

> **表情筋の役割を感じるエクササイズ**
> 表情筋を持ち上げながら「いえ（家）」と5回つぶやく。「みえ（見栄）」と5回つぶやく。次に，表情筋を持ち上げずに「いえ（家）」と5

回つぶやく。「みえ（見栄）」と５回つぶやく。
→表情筋を持ち上げたときと表情筋を持ち上げないときの，聞こえ方の違いを確認する。
　同じ音の高さで「イエイエイエイエイエ」「ミエミエミエミエミエ」と歌う。
→表情筋を持ち上げたときと表情筋を持ち上げないときの，聞こえ方の違いを確認する。

　また，「え」が英語の母音 æ のように聞こえると素人っぽい「なま声」になってしまいます。また，支えがない声もとても素人っぽく聞こえます。

なま声を解消するエクササイズ
①前述の「明るくて深い母音ｉ」をつくってから，次に母音ｅを発音する。「イエー」というように。
②ソーファーミーレードーの音型で「イエイエイエイエイエ」と歌う。表情筋を上げるのを忘れないように。
③同じ音型で「ミエミエミエミエミエ」と歌う。
　母音が訛らないように，２人１組でチェックしたり，録音してチェックしたりしましょう。

　支えを感じずに母音を響かせようとして，母音を訛らせてはいけません。母音がゆがんで平べったく聞こえる発声法は採用しないようにしましょう。支えを感じながら，母音を美しく響かせるのが正攻法のやり方です。

母音ｅの発展エクササイズ
　支えを感じた，訛のない美しい母音ｅで，一曲まるまる歌ってみましょう。２人１組でチェックしたり，録音してチェックしたりしましょう。

09　母音a〜実は難しい母音

✓ 実は難しい母音a

母音aは，5母音（あ，い，う，え，お）の中で一番顎を落とす母音です。そのせいもあり，母音aは響きをつくるのが難しい母音です。顎が落ち切らなければ，英語の母音æのような潰れた母音になったり，母音əのような曖昧母音になったりしてしまいます。また，軟口蓋が下がって，鼻に息が抜けたり，舌がくぼんだりすると，「お」のように聞こえます。

母音aが母音æのようになってしまう人は，姿勢が悪く，顎が落ちていないことが多いです。母音aが母音əのようになってしまう人は，よい声を出そうとして発音が訛っていることが多いです。

母音aの形

母音aの基本エクササイズ

①忘れ物をしたことを思い出したときのように「あ！」と5回言う。
②クイズの答えを聞いて納得したときのように「あ〜！」と5回言う。
③何かを言おうとして，途中でやはり言うのをやめたときのように「あ〜…」と5回言う。

　3つをすべて，同じように発音してしまうという人はいませんか？状況に応じた様々な母音aを出すのは，とてもよい発声エクササイズになります。適切に発音したときの口の開け具合や舌の位置などを確認しましょう。

✓「『お』のように聞こえる」の改善法

　「あ」を発音するときに表情筋を下げてしまうと，軟口蓋が下がって鼻に息が抜けてしまいます。結果として，「お」のように聞こえますし，鼻に息が抜けるのは，声帯を振動させるはずの呼気を無駄にロスしている状態なので，あまり声量も出ません。また，喉を開けようとして，誤って舌をくぼませてしまっても，「お」のように聞こえます。このような状態では，「シンガーズ・フォルマント」は生まれません。母音 a を正しく発音できないので，「いま（今）」や「えま（絵馬）」のように，「い」「え」から「あ」へと進行する際に，トーン（音色）が暗くなって響きが低くなってしまう人が多いです。そこで，表情筋を持ち上げて，意識的に響きを一定に保とうと努めることで，「あ」を歌う際にも音を下げずに保つことができます。

表情筋の役割を感じるエクササイズ

　表情筋を持ち上げながら「いま（今）」と5回つぶやく。「えま（絵馬）」と5回つぶやく。次に，表情筋を持ち上げずに「いま（今）」と5回つぶやく。「えま（絵馬）」と5回つぶやく。

→表情筋を持ち上げたときと表情筋を持ち上げないときの，聞こえ方の違いを確認する。

　同じ音の高さで「イマイマイマイマイマ」「エマエマエマエマエマ」と歌う。

→表情筋を持ち上げたときと表情筋を持ち上げないときの，聞こえ方の違いを確認する。

　共鳴に関する発声練習の多くは，母音に関係なく「シンガーズ・フォルマント」を保つことを目的としています。それをマスターするとすべての母音で響きを保つことができます。母音に関係なく，適度に表情筋を持ち上げることで，母音の質を均一にすることができます。表情筋を持ち上げることで，母音に倍音（音色をつくる重要な要素）を十分に含ませる練習をしましょう。

10 母音o〜こもりやすい母音

✓ こもりやすい母音o

　母音oは，5母音の中で母音uについで舌が奥に位置し，表情筋が下がりやすく，軟口蓋も落ち込みやすいため，暗くなりすぎ，共鳴していないように感じることが多いです。

　暗くなってしまうからといって，口を開けっぴろげにしてしまうと「あ」に似た能天気な母音になってしまいます。口を開けっぴろげにすると，軽薄な印象になります。

口を開けっぴろげ

　母音oが暗くなってしまう場合は，「お」を出す前に「い」を加えて，舌の位置や表情筋を上げる感覚を確認するのが有効です。例えば，久しぶりに人に会ったときに出る言葉「おお！」の代わりに「よお！」と発音すると，「い」が瞬間的に入ります。

　また，「お」が「う」のようにこもってしまったりするのも，よくない傾向です。間違った方法で声を大人っぽくしようとすると，声がこもったようになりや

母音oの形

すいです。声が子どもっぽく聞こえるのは，姿勢や呼吸によって，支えが生まれることと関連しています。声をこもらせても，大人っぽくは聞こえません。

✓ 響かない「お」の改善法

　いくつかの簡単な工夫で，響かない「お」を改善することができます。
　まず，「お」を発音するときに表情筋を下げてしまうと，「シンガーズ・フ

ォルマント」が生まれません。したがって，表情筋を持ち上げる必要があります。

　それから，「よお！」の音節は，母音 i と母音 o からできています。「よ」は，「お」と比べて高音域の倍音が強いので，響かない「お」の改善に使うことができます。様々な発声練習のパターンの歌詞を「よお！」で練習してみてください。次に，唇と表情を同じ構えにしながら，最初の y の音と母音 o を分離して，母音 o だけで歌ってください。

　さらに，「だんご（団子）」や「うお（魚）」という単語で，発音練習および発声練習を行えば，母音 o に子音 ng，母音 u を結びつけて，よりよい母音 o を獲得するきっかけをつかむことができるでしょう。

母音 o の基本エクササイズ

「よお！」と 5 回つぶやく。
「だんご（団子）」と 5 回つぶやく。
「うお（魚）」と 5 回つぶやく。
→適切に発音したときの口の開け具合や舌の位置などを確認する。

　「よお」が「やあ」や「ゆう」，「だんご」が「だんが」や「だんぐ」，「うお」が「うあ」や「うう」にならないように，気をつけましょう。

✓ **「自分のイメージと実際の発音とのズレがある」の改善法**

　時々，本人は「自分はちゃんと発音している」と感じているのに，「お」が「あ」のように開けっぴろげになったり，「お」が「う」のようにこもってしまったりする人がいます。この場合は，録音することで，自分のイメージしている発音と実際の発音とのズレを認識する必要があります。鏡を見て，口の開け具合を確認しながら歌うのもよい練習です。

11 母音 u 〜響きにくい母音

✓ **響きにくい母音 u**

母音 u は，5 母音の中で最も舌が奥に位置し，表情筋が下がりやすく，軟口蓋も落ち込みやすいため，暗くなりすぎ，共鳴していないように感じることが多いです。

同じ音の高さで「あーいーうーえーおー」と歌ってみましょう。「い」「え」と比較すると，多くの人が「あ」「お」「う」が響かないような感覚になると思います。

母音 u の形

次に同じく，同じ高さで「いーえーあーおーうー」と歌ってみましょう。多くの人が前舌母音（「い」「え」）から奥舌母音（「あ」「お」「う」）へと進むにつれ，響かなくなるような感覚になります。

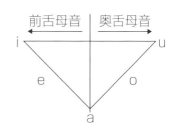

前舌母音・奥舌母音

前舌母音・奥舌母音の関係をとらえるエクササイズ

ゆっくり「きーけーかーこーくー」と言ってみてください。口の中の前方のスペースが広くなっていき，舌が口蓋に触れる位置が徐々に奥に移動していくのがわかるかと思います。

✓ 響かない「う」の改善法

　いくつかの簡単な工夫で，響かない「う」を改善することができます。

　まず，「う」を発音するときに表情筋を下げてしまうと，「シンガーズ・フォルマント」が生まれません。表情筋を持ち上げる必要があります。

　それから，「ゆう」の音節は，母音 i と母音 u からできています。「ゆ」は，「う」と比べて高音域の倍音が強いので，響かない「う」の改善に使うことができます。様々な発声練習のパターンの歌詞を「ゆう」で練習してみてください。次に，唇と表情を同じ構えにしながら，最初の y の音と母音 u を分離して，母音 u だけで歌ってください。時々，「う」が「ゆ」のように潰れてしまう人もいます。この場合，本人は「自分は母音 u は得意だ」と誤解していることが多いです。この場合も，上記のトレーニングで y の音と母音 u を分離する練習を行うことで，直すことができます。

　さらに，「にゅうぎゅう（乳牛）」や「ぎゅうにゅう（牛乳）」という単語で，発音練習および発声練習を行えば，母音 u に母音 i と子音 n や子音 g を結びつけて，よりよい母音 u を獲得するきっかけをつかむことができるでしょう。

母音 u の基本エクササイズ

　「にゅうぎゅう（乳牛）」と5回つぶやく。
　「ぎゅうにゅう（牛乳）」と5回つぶやく。
→適切に発音したときの口の開け具合や舌の位置などを確認する。

　誤った方法によって喉を開けようとして「にゅうぎゅう」が「にょーぎょー」となったり「ぎゅうにゅう」が「ぎょーにょー」になったりしてはいけません。喉が開くというのは，姿勢や呼吸によって支えが生まれることと関連しています。口の奥を開けても喉が開いたことにはなりません。このような方法で喉を開けようとすると，「う」が響かなくなってしまい，苦手克服ができなくなってしまいます。

12 子音k・子音(n)g

　発語時に声帯が振動している子音のことを「有声子音」,発語時に声帯が振動しない子音のことを「無声子音」と呼びます。
　子音gは,子音kが有声化したものです。子音gも子音kも,舌や顎の構えは同じです。しかし,子音gでは,発語時に声帯が振動していますが,子音kでは,発語時に声帯が振動しません。

✓ 子音k・子音g
　子音kは,子音kとその後に組み合わせた母音で発声練習をすることで,歌い手はアッポッジョの身体感覚を意識することができます。

子音kのエクササイズ
①わき腹を触る。人差し指を肋骨の下に,親指を背中側に,小指を腰骨の位置に置く。
②「クックックックックッ」と含み笑いする。笑いをこらえるように。
③同じくわき腹を触る。人差し指を肋骨の下に,親指を背中側に,小指を腰骨の位置に置く。
④「カッカッカッカッカッ」と高笑いする。水戸黄門のように。
　②,④のときの体幹の感覚がアッポッジョです。

　子音gは,共鳴の調節に役立つ子音です。軟口蓋が下がって不要に鼻に息が抜けてしまう場合にはとても役に立ちます。

カ行やガ行をうまく発音するためのエクササイズ
　「にっか(日課)」と5回つぶやく。

「なっが～い（長い）」と5回つぶやく。
→適切に発音したときの軟口蓋の上がり具合や舌の位置などを確認する。

軟口蓋が持ち上がる感覚を意識するエクササイズ

同じ音の高さで「ゲゴゲゴゲゴゲゴゲ」「ケコケコケコケコケ」「ギゲギゲギゲギゲギ」「キケキケキケキケキ」「ガカガカガカガカガ」「コケコケコケコケコ」と歌う。
→軟口蓋が持ち上がる感覚を意識する。鼻に息が抜けているときと抜けていないときの聞こえ方の違いを確認する。

✓ 子音 ng

子音 ng は，いわゆる「鼻濁音」と呼ばれる子音です。子音 ng は，子音 n と子音 g でできています。その特徴は，子音の前半（子音 n）では鼻に息が抜けていますが，子音の後半（子音 g）では軟口蓋が上がり，鼻に息が抜けなくなります。この特徴を生かして，正しい発声時の軟口蓋の位置を感じることができます。以下は，その感覚をつかむための練習です。

子音 ng のエクササイズ

「おんがく（音楽）」と5回つぶやく。
「れんげ（蓮花）」と5回つぶやく。
→適切に発音したときの軟口蓋の上がり具合や舌の位置などを確認する。
同じ音の高さで「ンゴンゴンゴンゴンゴ」「ンゲンゲンゲンゲンゲ」と歌う。
→軟口蓋が持ち上がる感覚を意識する。鼻に息が抜けているときと抜けていないときの聞こえ方の違いを確認する。

13　子音s・子音z

✓ 子音s・子音z

　　子音s・子音zも，共鳴の調節に役立つ子音の1つです。子音zは，子音sが有声化したものです。舌先は下前歯の裏に，後舌部分は軟口蓋に接触しそうになるくらい持ち上がるため，子音k・子音gと同様に子音s・子音zに続く母音のピントが合いやすくなります。

　　子音k・子音gと同じように，子音s・子音zとその後に組み合わせた母音で発声練習をすることで，歌い手はアッポッジョの身体感覚を意識することができます。特に子音zで発声練習をすると，唇や舌の不要な操作が制限され，声道内のバランスを感じられるようになります。

子音sのエクササイズ

①わき腹を触る。人差し指を肋骨の下に，親指を背中側に，小指を腰骨の位置に置く。

②勢いよく子音sを発音する。
　②のときの体幹の感覚がアッポッジョです。

子音zのエクササイズ

①わき腹を触る。人差し指を肋骨の下に，親指を背中側に，小指を腰骨の位置に置く。

②声に出して子音zを発音する。「ズウー」とならないように注意。
　②のときの体幹の感覚がアッポッジョです。

✓ 「zu となってしまう」「z が s になってしまう」の改善法

　子音 z のロングトーンをしようとしたら，zu（ズウー）のように途中で母音 u になってしまう場合は，支えがうまく働いていません。息がこすれる音を持続させるには，体幹の必要な緊張を保つ必要があります。

　また，子音 z が子音 s になってしまう場合は，首の前が短く，後ろが長い状態（うなじのアッポッジョ）になっているかを確認しましょう。首の緊張が緩むと，声門閉鎖が緩みやすくなり，子音 z が子音 s になってしまいます。

> **サ行やザ行をうまく発音するためのエクササイズ**
> 　「さざなみ」と 5 回つぶやく。
> 　「すずしい」と 5 回つぶやく。
> →適切に発音したときの軟口蓋の上がり具合や舌の位置などを確認する。軟口蓋が上がっていないと，うまくサ行やザ行をうまく発音することができない。

　それから，以下の練習によって，軟口蓋が持ち上がるのを意識できるようになり，不要に鼻に息が抜けなくなります。

> **軟口蓋が持ち上がる感覚を意識するエクササイズ**
> 　同じ音の高さで「ゼゾゼゾゼゾゼ」「セソセソセソセソセ」「ズゼズゼズゼズゼズ」「スセスセスセスセス」「ザサザサザサザサ」「ソセソセソセソセソ」と歌う。
> →軟口蓋が持ち上がる感覚を意識する。鼻に息が抜けているときと抜けていないときの聞こえ方の違いを確認する。支えがしっかりしていないと，息を吐きすぎてしまい，うまく歌えない。

14　子音 t・子音 d

✓ 子音 t

　子音 t は，子音 k と同様に子音 t とその後に組み合わせた母音で発声練習をすることで，歌い手はアッポッジョの身体感覚を意識することができます。

> **子音 t のエクササイズ**
> ①わき腹を触る。人差し指を肋骨の下に，親指を背中側に，小指を腰骨の位置に置く。
> ②早口言葉のように「タタタタタタタタ」と唱える。
> 　②のときの体幹の感覚がアッポッジョです。

✓ 子音 d

　子音 d は，子音 t が有声化したものです。つまり，子音 d では発語時に声帯が振動していますが，子音 t では発語時に声帯が振動しません。子音 d は共鳴の調節に役立つ子音です。軟口蓋が下がって不要に鼻に息が抜けてしまう場合に，子音 d はとても役に立ちます。

> **子音 d のエクササイズ**
> ①わき腹を触る。人差し指を肋骨の下に，親指を背中側に，小指を腰骨の位置に置く。
> ②早口言葉のように「ダダダダダダダダ」と唱える。
> 　②のときの軟口蓋が上がっている感覚を覚えましょう。軟口蓋が下がって鼻に息が抜けるとナナナナになってしまいます。

> **タ行やダ行をうまく発音するためのエクササイズ**
> 「ただ（唯）」と5回つぶやく。
> 「だだ（駄々）」と5回つぶやく。
> →適切に発音したときの軟口蓋の上がり具合や舌の位置などを確認する。

　それから，以下の練習によって，軟口蓋が持ち上がるのを意識できるようになり，不要に鼻に息が抜けなくなります。

> **軟口蓋が持ち上がる感覚を意識するエクササイズ**
> 　同じ音の高さで「タダタダタダタダタダ」「ダタダタダタダタダタ」「テデテデテデテデテデ」「デテデテデテデテデテ」「トドトドトドトドトド」「ドトドトドトドトドト」と歌う。
> →軟口蓋が持ち上がる感覚を意識する。鼻に息が抜けているときと抜けていないときの聞こえ方の違いを確認する。

✓ 外国語における子音t・子音d

　一般的に，英語やドイツ語は，日本語より子音tの破裂具合が強いです。それに対して，イタリア語，ラテン語などは，日本語より子音tの破裂具合は弱いです。

　また，英語などで語尾の子音をはっきり言おうとしすぎて，子音dが子音tや子音tsになってしまうことがあります。なにごとも，「過ぎたるは及ばざるが如し」です。気をつけましょう。

例：good 英）よい　×goot　×goots
　　god　英）神　　×got　　×gots

15　子音 h

✓ 子音 h

　　h には，声門摩擦音 h と声門破裂音？があります。声門摩擦音 h とは，いわゆる子音 h で，声帯が閉じていません。声門破裂音？とは，声帯が閉じた状態から柔らかく咳払いをするときに出る音です。

　　声門摩擦音 h と声門破裂音？は，声帯の接近の性質を決定する機能があります。したがって，声門摩擦音 h と声門破裂音？を利用した「歌いだし練習」をすることで，喉詰め声や息もれ声を矯正することができます。

✓ 「歌いだし練習」で，喉詰め声や息もれ声を矯正する

　　「歌いだし練習」というのは，スタッカートの練習を行うことで，喉詰め声や息もれ声を矯正し，バランスのとれた歌いだしができるように調節する練習です。喉詰め声とは，硬い歌いだしの後，声帯が過緊張になっている声です。息もれ声とは，息もれした歌いだしの後，声帯が閉じ切らず，息がうまく声に変換されていない声です。

喉詰め声を改善するエクササイズ（声門摩擦音 h）

① わき腹を触る。人差し指を肋骨の下に，親指を背中側に，小指を腰骨の位置に置く。
②「ハッハッハッハッハ」と高笑いする。
　②のときの体幹の感覚がアッポッジョです。

息もれ声を改善するエクササイズ（声門破裂音？）

　わざと息を喉でとめた状態から，何かを思い出したときや，洗面器に

> 水を張って，その中に顔をつけて息をとめていたのを我慢し切れず思わず水から顔を上げたときのように，「ッア！」と発音してみましょう。

✔ バランスのとれた歌いだし

　「バランスのとれた歌いだし」というのは，喉詰めでも，息もれでもない好ましい声の出始めを指します。

　喉詰め声になってしまう場合は，「ハッ」息もれ声になってしまう場合は，「ッア！」で練習した後，自分以外には聞こえない大きさの子音hを母音に先行させて「（h）アッ（h）アッ（h）アッ（h）アッ（h）アッ」とスタッカートをすると，段々バランスのとれた歌いだしができるようになります。

16 子音 f・子音 v

✓ 子音 f・子音 v

　子音 f・子音 v も，舌や顎の構えは同じですが，子音 v は，子音 f が有声化したものです。したがって，子音 v では発語時に声帯が振動していますが，子音 f では発語時に声帯が振動しません。子音 f・子音 v を発語するときは，表情筋が自然に上がります。また，軟口蓋が緩むと，子音 f・子音 v ともにうまく発音することができません。したがって，子音 f・子音 v を練習することで，適切な軟口蓋の位置を確認することができます。

　子音 f・子音 v もまた，息の流れを唇と歯で妨げることで発音されます。子音 f・子音 v とその後に組み合わせた母音で発声練習をすることで，歌い手はアッポッジョの身体感覚を意識することができます。

子音 f のエクササイズ

①わき腹を触る。人差し指を肋骨の下に，親指を背中側に，小指を腰骨の位置に置く。

②力強く子音 f を発音する。

　②のときの体幹の感覚がアッポッジョです。

子音 v のエクササイズ

①わき腹を触る。人差し指を肋骨の下に，親指を背中側に，小指を腰骨の位置に置く。

②声に出して子音 v を発音する。オートバイの空ぶかしのように。

　②のときの体幹の感覚がアッポッジョです。

ファ行やヴァ行をうまく発音するためのエクササイズ
　力強く子音 f を長く伸ばす。
　力強く子音 v を長く伸ばす。
→適切に発音したときの軟口蓋の上がり具合や舌の位置などを確認する。

　それから，以下の練習によって，軟口蓋が持ち上がるのを意識できるようになり，不要に鼻に息が抜けなくなります。

軟口蓋が持ち上がる感覚を意識するエクササイズ
　同じ音の高さで「ヴァヴァヴァヴァ」「ファファファファ」「ヴィヴィヴィヴィ」「フィフィフィフィ」と歌う。
→軟口蓋が持ち上がる感覚を意識する。鼻に息が抜けているときと抜けていないときの聞こえ方の違いを確認する。うまくいかない場合は鼻を塞ぎながらやってみる。

17　子音n・子音m

✓ 子音n・子音m

　　子音n・子音mは，「ハミング」として曲の中で単独で使われます。
　　これらも，子音n・子音mとその後に組み合わせた母音で発声練習をすることで，歌い手はアッポッジョの身体感覚を意識することができます。

> **子音n・子音mのエクササイズ**
> ①わき腹を触る。人差し指を肋骨の下に，親指を背中側に，小指を腰骨の位置に置く。
> ②子音nや子音mを発音しながら含み笑いをする。鼻で笑うように。
> 　②のときの体幹の感覚がアッポッジョです。

> **子音n・子音mのエクササイズ②**
> ①わき腹を触る。人差し指を肋骨の下に，親指を背中側に，小指を腰骨の位置に置く。
> ②声に出して「ミニミニミニミニ」とはっきり唱える。
> 　②のときの体幹の感覚がアッポッジョです。

✓ ハミング

　　ハミング（子音n・子音m）は，共鳴の調節に役立ちます。ハミングとは，舌鼓を打つときのように，「ん～～」と口を閉じて出す声のことです。
　　ハミングのコツは，表情筋を上げる感覚，首の前を短く，後ろを長くする感覚（うなじのアッポッジョ），そして，アッポッジョにおける胴体での支

えの感覚を感じることです。

　ハミングで練習すると，口が開いているときよりも空気の出口が狭まるため，アッポッジョにおける胴体での支えの感覚を感じやすくなります。

> **ハミングのコツをつかむエクササイズ①**
> 　「もも（桃）」と5回つぶやく。
> 　「まめ（豆）」と5回つぶやく。
> →適切に発音したときの表情筋を上げる感覚，首の前を短く，後ろを長くする感覚（うなじのアッポッジョ），そして，アッポッジョにおける胴体での支えの感覚を確認する。

> **ハミングのコツをつかむエクササイズ②**
> 　同じ音の高さで「マメマメマメマメマメ」「ミニミニミニミニミニ」「メモメモメモメモメモ」「モノモノモノモノモノ」「モモモモモモモモモモ」と歌う。
> →表情筋を上げる感覚，首の前を短く，後ろを長くする感覚（うなじのアッポッジョ），そして，アッポッジョにおける胴体での支えの感覚を確認する。

　ハミングでは「鼻腔共鳴」（鼻の奥が響いているような感覚）が得られるとよく言われますが，実は，ハミングで得られるのは「鼻腔共鳴」ではありません。ハミングがうまくいっているとき，実際は，主に声門閉鎖と咽頭腔の共鳴のバランスが整えられています。それにより，例えば，息もれ声の改善や声量がないなどの発声の課題が解決するという効果が得られます。

　ですから，ハミングが苦手な人は，「鼻腔を共鳴させる」のではなく，一度騙されたと思って，「ゲーーー」や「ギョーーー」など，最高に変な声を出しながら，口を閉じてみてください。

18 子音b・子音p

✓ 子音b・子音p

　子音b・子音pでは，唇口内の空気圧が上昇します。子音b・子音pは，唇の閉鎖によって生じるため，口を開けすぎる生徒にとっては，口の開けすぎを予防する練習にもってこいの子音です。

　子音b・子音pともにその後に組み合わせた母音で発声練習をすることで，歌い手はアッポッジョの身体感覚を意識することができます。

> **子音pのエクササイズ**
> ①わき腹を触る。人差し指を肋骨の下に，親指を背中側に，小指を腰骨の位置に置く。
> ②早口言葉のように「パパパパパパパパ」と唱える。
> 　②のときの体幹の感覚がアッポッジョです。

　子音bは，子音pが有声化したもので共鳴の調節に役立つ子音です。

> **子音bのエクササイズ**
> ①わき腹を触る。人差し指を肋骨の下に，親指を背中側に，小指を腰骨の位置に置く。
> ②早口言葉のように「ババババババババ」と唱える。
> 　②のときの軟口蓋が上がっている感覚を覚えましょう。軟口蓋が下がって鼻に息が抜けるとマママになってしまいます。

　子音bは，子音mとよく似ていますが，その違いは，子音mでは軟口蓋が下がって鼻に息が抜けていますが，子音bでは軟口蓋が上がって鼻に息は抜

けません。軟口蓋が下がって不要に鼻に息が抜けてしまうと，子音 b は子音 m になってしまいます。

パ行やバ行をうまく発音するためのエクササイズ
　「パパ」と 5 回つぶやく。
　「ババ（馬場）」と 5 回つぶやく。
　→適切に発音したときの軟口蓋の上がり具合や舌の位置などを確認する。

それから，以下の練習によって，軟口蓋が持ち上がるのを意識できるようになり，不要に鼻に息が抜けなくなります。

軟口蓋が持ち上がる感覚を意識するエクササイズ
　同じ音の高さで「パバパバパバパバパバ」「バパバパバパバパバパ」「ペベペベペベペベペベ」「ベペベペベペベペベペ」「ポボポボポボポボポボ」「ボポボポボポボポボポ」と歌う。
　→軟口蓋が持ち上がる感覚を意識する。鼻に息が抜けているときと抜けていないときの聞こえ方の違いを確認する。

✓ 外語後における子音 b と子音 v の区別

　英語などで，子音 v を子音 b に置き換えて発音してしまうと，途端にカタカナ英語っぽくなります。しっかり区別しましょう。
　その例外として，スペイン語には，子音 v と子音 b の区別はありません。ルネサンス期スペインの作曲家 Victoria は，ヴィクトリアではなく，ビクトリアと発音します。

19　子音 y

✓ 子音 y

　子音 y は，母音 i が子音化したもので，半母音とも呼ばれます。子音 y は声のフォーカス（適切な共鳴）を獲得するのにとても有用な子音です。

　子音 y とその後に組み合わせた母音で発声練習をすることで，歌い手は適切な舌の位置と，声が好ましく共鳴しているときの身体感覚を意識することができます。

> **子音 y のエクササイズ**
> ①わき腹を触る。人差し指を肋骨の下に，親指を背中側に，小指を腰骨の位置に置く。
> ②「イヤイヤイヤイヤ」と笑いをこらえながら強めに否定するように喋る。
> ③他にも「イエイエイエイエ」などで喋る。
> ④同じくわき腹を触る。人差し指を肋骨の下に，親指を背中側に，小指を腰骨の位置に置く。
> ⑤声に出して「ヤイヤイヤイヤイ」と話に割って入るような声を出す。
> ⑥他にも「ヤアヤアヤアヤア」などで喋る。
> 　②や③，⑤や⑥のときの体幹の感覚がアッポッジョです。

　子音 y は，軟口蓋が下がって不要に鼻に息が抜けてしまう場合に，とても役に立ちます。子音 y は母音 i が子音化したものであるため，子音 y を発音しているときが一番軟口蓋が上がりやすく，表情筋も自然に持ち上がります。

　子音 y を母音に先行させても響きが改善しない場合は，母音 i が苦手な人と同様に，「喉を開ける」ために「口を開けて」しまって子音 w が混じったような音になる人が多いです。また，子音 y で締めつけすぎて母音が潰れて

しまう人もいます。いずれの場合も，姿勢や呼吸によって支えを生み出す必要があります。

> **ヤ行をうまく発音するためのエクササイズ**
> 「いよ（伊予）」と5回つぶやく。
> 「みや（宮）」と5回つぶやく。
> →適切に発音したときの軟口蓋の上がり具合や舌の位置などを確認する。

それから，以下の練習によって，軟口蓋が持ち上がるのを意識できるようになり，不要に鼻に息が抜けなくなります。

> **軟口蓋が持ち上がる感覚を意識するエクササイズ**
> 同じ音の高さで「イヨイヨイヨイヨイヨ」「ミヤミヤミヤミヤミヤ」と歌う。
> →軟口蓋が持ち上がる感覚を意識する。鼻に息が抜けているときと抜けていないときの聞こえ方の違いを確認する。
> 「やま（山）」と5回つぶやく。
> 「よみ（読み）」と5回つぶやく。
> →適切に発音したときの軟口蓋の上がり具合や舌の位置などを確認する。
> 同じ音の高さで「ヤマヤマヤマヤマヤマ」「ヨミヨミヨミヨミヨミ」と歌う。
> →軟口蓋が持ち上がる感覚を意識する。鼻に息が抜けているときと抜けていないときの聞こえ方の違いを確認する。

20　子音 l・子音 r

✓ 子音 l

　子音 l は，舌の位置が子音 n と似ていますが，子音 l では軟口蓋が持ち上がっています。軟口蓋が下がって鼻に息が抜けると，子音 n になってしまうので，子音 l の練習をすると，軟口蓋を上げる感覚を意識することができます。

　子音 l は，共鳴の調節に役立つ子音です。軟口蓋が下がって不要に鼻に息が抜けてしまう場合にはとても役に立ちます。

子音 l のエクササイズ

　「ラリルレロ」と 5 回つぶやく。
　「ロリルレラ」と 5 回つぶやく。
→適切に発音したときの軟口蓋の上がり具合や舌の位置などを確認する。

　それから，以下の練習によって，軟口蓋が持ち上がるのを意識できるようになり，不要に鼻に息が抜けなくなります。同時に，子音 l とその後に組み合わせた母音で発声練習をすることで，歌い手はアッポッジョの身体感覚を意識することができます。

軟口蓋が持ち上がる感覚を意識するエクササイズ

　同じ音の高さで「ラロラロラロラロラ」「レロレロレロレロレ」「リレリレリレリレリ」と歌う。
→軟口蓋が持ち上がる感覚を意識する。鼻に息が抜けているときと抜けていないときの聞こえ方の違いを確認する。

✓ 子音 r

　イタリア語やスペイン語のいわゆる巻舌の子音 r は，安定した呼気，舌の脱力，口の開けすぎ，顎の落としすぎを防ぐなど好ましい発声を身につけるのにちょうどよい子音です。

> **子音 r のエクササイズ**
> ①わき腹を触る。人差し指を肋骨の下に，親指を背中側に，小指を腰骨の位置に置く。
> ② r の子音でロングトーンする。
> ③同じくわき腹を触る。人差し指を肋骨の下に，親指を背中側に，小指を腰骨の位置に置く。
> ④ r の子音で自分の最低音域から自分の最高音域までグリッサンドする（音階をすべるように歌う）。さらに，自分の最高音域から自分の最低音域までグリッサンドする。
> ②や④のときの体幹の感覚がアッポッジョです。

　鼻に息が抜けると，巻舌の子音 r を発音できないので，軟口蓋を持ち上げる感覚もつかめます。さらに，子音 r とその後に組み合わせた母音で発声練習をすることで，歌い手はアッポッジョの身体感覚を意識することができます。

> **軟口蓋が持ち上がる感覚を意識するエクササイズ**
> 　同じ音の高さで「ｒらｒりｒるｒれｒろ」と歌う。
> →軟口蓋が持ち上がる感覚を意識する。鼻に息が抜けているとうまく歌えない。息が抜けているときと抜けていないときの聞こえ方の違いを確認する。

Column

合唱指導は未経験でもできる

　生徒としっかりコミュニケーションをとりながら，本書を読んで実践していただければ，合唱指導は未経験でも行うことができます。その点については安心してください。

　しかし，「未経験」で済まされるのは，最初の1年間だけでしょう。毎年毎年行われる合唱祭，合唱コンクールなどを，何年も何年も「合唱指導未経験先生」のスタンスでやりすごすことはできないと思われます。なぜなら，2年目以降はすでに「合唱指導未経験先生」ではないのですから。

　別のコラムでも述べた通り，彼ら彼女たちが「合唱がうまくなりたい」と思ったときに，力を伸ばしてあげるためには音楽の専門知識が必要です。

　音楽の専門知識を学ぶのは，とても面倒かもしれません。日々の校務に追われている先生方には酷な話ですよね。なぜ学ぶのか，モチベーションの源は「生徒への愛」以外にはないでしょう。

Part3

短期間で上達する！
合唱指導のポイント
実践編

01 歌いだしと歌いおわり
〜安定した発声法を育てる

　合唱がうまく聴こえるかどうかは，適切な歌いだしと歌いおわりにかかっています。適切な歌いだしと歌いおわりのためには，胸郭を下げないことが重要となります。歌いだしや長いフレーズの途中，歌いおわりで胸の位置が下がるのは，安定した発声法を身につけていない人に共通する問題です。

✓ 歌いだしに胸郭を下げない

　歌いだしのことを英語で onset と言います。歌いだしで重要なことは，歌いだしの瞬間に胸郭を下げないことです。胸郭を下げないということは，腹壁の筋肉と背筋が働いて，胸郭が高い位置に保たれているということです。
　歌いだしの瞬間に胸郭を下げてしまうと，あとあと息が足りなくなったり，フレーズの頂点，または最高音でかすれたりしてしまいます。

✓ 歌いおわりに胸郭を下げない

　歌いおわりのことを英語で release と言います。歌いおわりで重要なことは，歌いおわりに胸郭を下げないことです。フレーズ末で気を抜かないようにします。腹壁の筋肉と背筋が働いて，胸郭が高い位置に保たれている必要があります。

✓ ブレス（息継ぎ）は次のフレーズのために吸う

　ブレス（息継ぎ）は，姿勢を保って行われ，さらに，次の歌いだしの瞬間に胸郭を下げないようにします。次の歌いだしを正しく行うためには，歌いだしの直前のブレスで，歌い出し時の声道のフォームが確定される必要があるからです。

> **歌いだし練習（スタッカート練習）**
> 　「ハッハッハッハッハ」と，スタッカートで歌います。一拍ずつ息つぎをすることで，すべての音が「歌いだし」の練習になります。

　歌いだし練習の注意点は，次の通りです。
・練習を通して肋骨の広がりを意識する
・胸骨を高い位置に維持する
・内側から胸骨に空気を寄りかからせる感覚を意識する（声門閉鎖を含む）
・お腹を動かそうとしない（勝手に動く）

> **歌いだし練習の手順**
> ①静かな吸気
> ②音高に集中したいきいきとした歌いだし，息を詰めない
> ③歌いだし
> 　フレーズは全体を通していきいきしている
> ④歌いおわり
> ⑤素早い吸気，肋骨のポジションは静かに安定している

02 適切な言葉がけ 〜大人の発音に変える

✓ 幼い発音は，若い学生（10代）特有の問題

　10代の学生は，大人と比べると幼い発音になりやすいです。大人でも，幼い発音をする人には同じ課題があると考えられます。成長期の学生（10代）の声道の調整についての特有の問題は，以下の通りです。

①声道のサイズが未成熟

　特に中学生は骨格や身長が日々成長中のため，成人と比較すると，声道のサイズが小さいという問題があります。
　筆者は「お父さん，お母さんの話し方を真似してみよう」などの言葉がけで，幼い発音をさけるように指導します。

②筋力の不足

　声道を調整するためには，相応の筋肉が必要です。日々トレーニングをする必要があります。だらしない発音にならないように，かつ，顎をスムーズに動かすことによって，自然な発語を心がけましょう。

③オフィシャルの場で話す機会の乏しさ

　10代の学生たちは，大人と比べると，オフィシャルな場で人と話す機会が少なく，母音が平べったくなる傾向があります。
　筆者は「オフィシャルは校長先生との面接や受験の面接試験での話し方，アンオフィシャルは友達と話すときの話し方」と違いを説明しています。

　その他，次のような声にしたい場合の，幼い発音を調整する言葉がけを簡単に紹介します。

①奥行きのある声にしたい場合
　「唇を尖らせて」「奥歯を離して（あくび）」「姿勢を正して」「呼吸を深くして」

②明るく響く声にしたい場合
　「表情筋を上げて」「口を横に引いて」「口を閉じ気味にして」「舌と口蓋を近づけて（あくびを噛みころす）」「舌先を下前歯の裏に置いて」

✓ **よい母音はよい子音から生まれる**

　Part2で見てきたように，母音と子音の組み合わせで，共鳴のバランスを整えることができます。よい母音は，よい子音に挟まれて生まれます。
　共鳴のバランスには，舌の位置や口の開け具合が関係するため，共鳴に課題を抱えている場合，様々な母音と子音の組み合わせで歌うことによって，共鳴を改善することができます。

　以下は発音への言葉がけの一例です。
例：うさぎ　おいし（兎追いし）（文部省唱歌「故郷」高野辰之作詞・岡野貞一作曲）
①うさぎ
　「『う』は潰れないように唇を横に引きすぎない」
　「『さ』の子音sを発語するときには後ろ舌が軟口蓋に近づく，ア母音でも響きを落とさないために，引き続き後ろ舌が軟口蓋に近づいているように」
　「『ぎ』は鼻濁音 ng，子音 ng の後，イ母音では鼻に息が抜けないように」
②おいし
　「『お』は暗くならないように表情筋を上げて」
　「『い』は潰れないように唇を横に引きすぎないで」
　「『し』の子音sを発語するときには後ろ舌が軟口蓋に近づく，イ母音が潰れないように唇を横に引きすぎないで」

03 ア・カペラ〜音程改善を図る

　ア・カペラは，イタリア語のa capella，直訳すると「教会風に」という意味です。教会で歌われる曲は，必ずしも無伴奏ではありませんでしたが，現在ではア・カペラと言えば無伴奏という意味が定着しています。
　ア・カペラだと，基準となる伴奏楽器の音がないため，歌い手は互いの声をよりしっかり聴き合うことが要求されます。反面，指導者がより注意深く子どもたちの声を聴くことができるというメリットもあります。
　結果として，ア・カペラで練習すると，音程改善の効果があります。これは，歌い手が互いの声が聴きやすくなったり，指導者が聴きやすくなったりするためと考えられます。

✓ おうむ返しで耳のトレーニング

　合唱の基本となるのは，正しい音程を歌うことのできる耳のトレーニングです。
　キーボードを使わずに指導者が範唱として合唱曲の一フレーズを歌い，それをおうむ返し＝模倣する練習で耳のトレーニングをしましょう。
　範唱は，階名で歌った方（実際の音程に合わせて「ド」「レ」「ミ」「ファ」「ソ」「ラ」「シ」と歌うこと）がソルフェージュ力アップのために好ましいですが，生徒の実態に合わせて「ヤー」「マー」など言葉をつけて歌ってもOKです。
例：指導者「ドーレーミーレードー」
　　生徒　「ドーレーミーレードー」

　次に，多声を聴くことのできる耳をつくるために，範唱を同時に2人が歌い（パートリーダーなどに手伝ってもらい），生徒は片方を模倣します。

例：2人が同時に歌う。
　　指導者　「ドーレーミーレードー」
　　リーダー「ドーシードーシードー」
　　自分のパートを模倣する。
　　生徒　　「ドーレーミーレードー」
　　次に，もう片方のパートも模倣してみる。

　楽譜を見ずに模倣したり，範唱するパートを2パート以上にしたりしても，自分のパートをおうむ返しできるかチェックしてみてください。
　集団だけでなく，先輩と後輩など，様々なやり方で試みることによって，個々の聴く力を高めることもできます。

✓ ア・カペラには，よい発声技術が必須

　これは，伴奏の有無にかかわらずですが，特にア・カペラにおいては，よい音程を出し続けることができる発声技術が必須です。
　ここまで述べてきたアッポッジョ・テクニックを用いることで，発声の面で余裕が生まれ，音程をキープしながらかつ，まわりの声を意識できるようになるでしょう。

✓ ア・カペラでは，息つぎがより目立つ

　カンニング・ブレスとは，交互に息つぎをすることで，パートの旋律を息つぎなしで歌っているように聴かせる技術です。ア・カペラで歌うときは，伴奏がないので，息つぎがより目立ちます。隣の人と同じタイミングで息つぎをすることができないので，ア・カペラでは隣の人の声をよく聴くことになり，結果として聴く力のトレーニングにもなります。

04 母音唱
～よい響きのイメージをもたせる

　合唱指導では，母音で読ませることを行います。母音で読ませるとは，例えば，文部省唱歌「故郷」(高野辰之作詞・岡野貞一作曲)であれば，
　　うさぎ　おいし　かのやま　usagi oishi kanoyama　を，
　　うあい　おいい　あおああ　uai oii aoaa
と読むことを指しています。
　また，母音で歌うことを「母音唱」と言います。

✓ 母音唱のメリット

　母音で読ませる，または母音唱を行うことには，いくつかのメリットがあります。
①得意な母音で歌う
　例えば，エ母音が得意であれば，苦手なフレーズをエ母音で歌うことによって，よい響きのイメージをもつことができるでしょう。エ母音で歌うことで，苦手なフレーズにおいてもエ母音特有の舌の後ろの部分が高くなる感覚を伴って歌うことができ，それがよい響きのイメージにつながります。
②苦手な母音には，子音をつけて歌う
　苦手な母音には，子音をつけて歌うことによって，よい響きのイメージをもつことができます。例えば，母音 a に半子音の j をつけて「ヤヤヤ」で歌う，などです。

✓ 母音唱は，レガート（なめらかに演奏すること）の練習になる

　慣れないうちは，母音唱を行おうとすると「アーー」ではなく，音符ごとに「アアア」のように途切れてしまうことがほとんどです。これは，一説によると，音節ごとに力が抜けて再び力が入るという日本語話者の特徴だと言

われています。
　前述の文部省唱歌「故郷」（高野辰之作詞・岡野貞一作曲）であれば，
　うさぎ　おいし　かのやま　usagi oishi kanoyama　を，
　うあい　おいい　あおああ　uai oii aoaa
と読んだときに，
　うーあーいーおーいーい
とならず，
　うっあっいっおっいっい
となりがちです。

　レガートで歌っているときの息と声帯の状態は，声門下圧が一定で，かつ2枚の声帯が適度に接近し，効率的な声帯の振動が途切れない状態です。レガートで歌うためには，アッポッジョ・テクニックによるバランスのとれた歌いだしによって生じた声帯原音が，音節ごとに途切れることなく，フレーズを通して保たれる必要があります。

　口の開け具合は，声帯の振動に影響を与えるため，口をなめらかに動かす必要があります。母音唱を行うことによって，口の開け具合による声帯へのストレスを減らすことができます。ただし，低音域（会話の音域）に比べて，高音域ではより多めに口を開ける（表情筋を上げながら，顎を落とす）必要があります（＝母音修正）。

✓ コンコーネ50番

　声楽初心者がよく使う練習曲「コンコーネ50番」は，発声を身につけるために母音唱で歌いますが，合唱指導においては，特別に「コンコーネ50番」を用いなくても，今取り組んでいる曲を母音唱で歌うことで，レガートや母音修正のテクニックを磨くことができるでしょう。

05　フレーズ読み〜感情を伝達させる

　合唱練習法の一つに「リズム読み」という練習法があります。一般的には譜読み（楽譜を読む作業）の段階で，楽譜に書いてあるリズムで歌詞を読む練習のことを指します。
　本書では，もっと効率的で実際の歌唱と結びつきやすいリズム読みの練習法として，フレーズで読む練習「フレーズ読み」を提案します。

✓「フレーズ読み」で，リズム読みを練習する

　フレーズ読みは，楽譜に書かれている情報のうち，音の高さだけを外して歌詞を読む練習法です。楽譜から音高を外して，ニュアンス，強弱，抑揚，語感，リズム，テンポを感じながら，リズム読みしていきます。フレーズを読む練習は，呼吸や支え，共鳴の練習と連動させて行います。
　フレーズ読みは，言葉と音楽的なフレーズとの関係を身体に染み込ませることを目的としています。具体的には，言葉の発音，アクセントの位置と拍子の関係を，必要に応じて指揮を振りながら確認していきます。そのテキストを心から発したときの身体の感覚を感じながら，フレーズをつくっていきます。そうすればあとは音をつけるだけです。

✓ 言葉の特性を生かして読む

　言葉と音楽的なフレーズとの関係にかかわる要素（言葉の特性）には，次のようなものがあります。

①言葉の抑揚

　通常のリズム読みでは，ともすればお経のようになってしまうことがあります。フレーズ読みでは，記譜上の音の高さから離れ，言葉の抑揚を重視しながらリズムで読んでいきます。

②アクセント

　フレーズ読みでは，その言語がもつアクセントや，その歌詞に作曲家があてた拍子のアクセント（強弱中強弱など）を擦り合わせながら読んでいきます。

③リズム

　歌われる歌詞がもともともっているリズムと作曲家があてたリズムを擦り合わせながら読んでいきます。

④子音・母音の扱い

　リズムに合わせて読むからといって，発声の都合で子音・母音が聴き取りづらくなったり，訛ったりしないように練習していきます。

⑤言語のもつ音質

　例えば，英語と日本語ではtやkの子音の強さが異なります。「わたしは」と言うときの「わ」と「は」を比べると，「わ」の方が「は」より口を開けて発音するため，音質が異なります。

⑥語感

　同じ「ありがとう」でも消しゴムを拾ってもらったときの「ありがとう」と，お財布を拾ってもらったときの「ありがとう」は語感が違います。

✓ 究極の目標は「感情を伝達する」

　フレーズ読みの練習の最終目標は，感情を伝達することです。うわのそらなリズム読みでは，効率的に言葉と音楽的なフレーズの結びつきを身体に染み込ませることができません。

　また，歌に必須であるアッポッジョの練習にもフレーズ読みは最適です。アッポッジョを感じながらフレーズ読みを実践してみましょう。

　そして，フレーズ読みで一番気をつけなければならないのは，「できているつもり」です。フレーズ読みを互いに聴き合ったり，録音したりして，読み方が感情を伝達しているか，常にチェックしましょう。

06 ミーティング
〜生徒の自主性を育てる

✓ 歌ってみてはじめて気づくことがある

　合唱の練習をしてみると，しっかり準備していても，歌ってみてはじめて気づくことは少なくありません。例えば，カンニング・ブレスや，隣の人とのフレーズのとらえ方の不一致などは，指導者よりも生徒たちの方が違和感を覚えていることがあります。

　このような場合には「ここまでで気になったことを，パートでミーティングしてください」などの声かけをして生徒の自主性を育てましょう。もちろん，必要に応じて指導者も助け舟を出します。

✓ 合唱練習の基本サイクル

　合唱練習は，基本的に以下のサイクルで成り立ちます。
①理想の姿を伝える
②現状を伝える
③解決策を提案する
④実行する
→解決（解決していなければ②に戻る）

　①〜③は主に指導者の仕事ですが，さらに細かい考え方を共有するためには，パートで話し合う習慣をつけさせるのがよいでしょう。

✓ 詩と音楽の関係性を読み取る練習をする

　合唱においては，詩の解釈だけを取り出して生徒に話し合いをさせても，あまり意味がありません。詩はすでに作曲者が解釈して曲をつけています。むしろ，詩と音楽の関係性を読み取る練習をするのがよいでしょう。

　このような取り組みを「アナリーゼ＝分析」と言います。分析は単なる感

想ではありません。「〇〇な感じ」だけでなく，楽譜から音楽の要素を読み取りましょう。

　アナリーゼ＝分析を行ったうえで，発声という手段を駆使して，どのように歌ったら，言葉のニュアンス，行間ににじみ出る詩人と作曲者の思いを聴衆に伝えることができるかを，音楽的な要素から検討していきます。言葉の表現に気をつけて歌うだけでなく，言葉と音楽との関係を重視することが大切です。

【言葉の特性】
　言葉の抑揚，アクセント，リズム，子音・母音の扱い，言語のもつ音質，語感など

【音楽の特性】
　リズム，メロディー，和声，テンポ，強弱，楽語，記譜上のアーティキュレーション（スタッカート，スラーなど）など

✓ 大切なのは，歌声に生かされること

　大切なのは，ミーティングが歌声に生かされることです。例えば，口が達者なら，いくらでも意見を言うことができます。しかし，それが歌声に生かされなければ，時間の無駄になってしまいます。

　ミーティングにおいて，発言するのと同じくらい大切なのは，相手の話を聞くことです。発言の多い生徒が，必ずしも音楽を深く感受しているとも限りません。相手の話を聞くことは，発言することと同じくらい，音・音楽を通して思考・判断する力を養います。

07 歌詞を読ませる指導
〜情景をイメージさせる

✓ **外国語の場合は，日本語訳詞を読むのがよい**

　辞書などを用いて発音，アクセント，逐語訳的な意味を確認します。語感をイメージしづらい場合は Google 画像検索なども駆使しましょう。

　外国作品に取り組む場合は，日本語訳詞を読むのがよいでしょう。逐語訳を使って日本語との語感の違いを感じましょう。

例：ラテン語宗教曲・頻出単語
　　　Ave　アヴェ
…「めでたし」「ごきげんよう」などの意味をもつ，挨拶語と呼ばれる言葉です。
　　　Amen　アーメン
…「かくあれかし」「そのようになりますように」とそこまでお祈りしていた内容を締めくくる言葉です。
　　　Alleluja（英語では Hallelujah）　アッレルーヤ
…「神を讃えよう（allelu が讃えよう，ja はヤハウェ，つまり神）」という意味です。
　　　Agnus Dei　アニュス・デイ
…神の子羊の意味です。子羊は生贄の象徴であり，イエス・キリストのことを指します。
　　　hosanna　オザンナ
…「万歳」の意味です。

　あくまでも一例ですが，上記のような歌詞の意味を知らないと，音楽的に平板な演奏になりかねません。

次にフレーズで読んでいきます。文法的な意味のかたまり，修飾，被修飾関係も意識します。

例：Ave verum corpus natum de Maria virgine

（聖体賛美歌「アヴェ・ヴェルム・コルプス」）

Ave	めでたし
verum corpus	まことの御身体
natum	生まれた
de Maria virgine	処女マリアから

などです。これらを参考にして，例えば，「verum と corpus の間は意味がつながっているから，ノンブレスでいこう」というように，フレーズのとらえ方やカンニング・ブレスの位置を決めていきます。

✓ 日本語（母語）の場合も，情景のイメージを広げる

　日本語（母語）においても，唱歌童謡などでも言葉が難しく，情景をイメージしづらい場合は，辞書で調べたり，Google 画像検索などを駆使したりしましょう。

　声を出さず情景をイメージすることも大切な練習です。歌ったり，読んだりするとき，イメージをもたずにどんどん流してしまうと，平板な歌や読みになってしまいます。イメージの有無は，発声に影響を与えます。イメージは，息づかいや顔の表情に影響を与えるからです。

　歌は，節のついた朗読です。表現するという面では，歌も朗読もイメージが大切です。

08 背景知識の紹介
〜作詞・作曲者への理解を深める

　現在取り組んでいる曲の作詞・作曲者について学ぶことは，楽曲を学ぶうえでとても大切なことです。
　作詞者が書いた著書や別の詩を読んだり，作曲者が書いた別の曲（合唱曲以外も含めて）を聴いたりするのがオススメです。

✓ **YouTube，Google 検索を使う**
　今から20年前，筆者が学生のころはまだインターネットが一般的でなく，図書館や CD 店をはしごして作詞・作曲者について調べました。
　今では，YouTube，Google 検索を使って，その気になればいくらでも調べることができます。まずはインターネットで調べてみましょう。
　ただし，インターネットには出てこない知識については，やはり書物にあたる必要があります。今でも，専門的に学びたくなったら書物にあたるのが王道でしょう。

✓ **背景知識を学ぶ**
①伝記的背景
　作詞・作曲者がどのような人物だったかを調べることは，作品理解にとって有益と言えます。例えば，宮沢賢治の詩の合唱曲に取り組むなら，宮沢賢治について調べたくなるのは自然なことでしょう。

②文化的背景
　作詞・作曲者がどのような文化の中で生きていたか，例えば，「バッハは教会に勤めていた作曲家，モーツァルトは貴族に仕えた作曲家，しかしベートーヴェンは音楽家史上初のパトロンの援助による権力から自立した作曲家

である」などの背景を知ることも大事です。

③歴史的背景
　作詞・作曲者が生きた時代は，どのような時代だったかを知ることも大切です。例えば，第二次世界大戦を体験した詩人と大戦以降に生まれた詩人，そして，平成時代の詩人では，視点にかなりの違いがあります。

④宗教的背景
　例えば，宗教曲のテキストは，主として聖書などからとられています。聖書に出てくる概念を理解しないと，対訳だけではわからない背景があります。以下はその一例です。

贖罪　…贖罪とは，犠牲や代償を捧げて罪をあがなうことです。特にキリスト教では，神の子であるキリストが何も悪事を働かなかったのに，十字架上の死を迎えたことによって，アダムとイブがリンゴを食べてエデンの園を追われて以来の，全人類を神に対する罪の状態からあがなった行為のことを指します。

十字架…十字架とは本来，ギロチンや電気椅子などと同じ刑罰の道具ですが，キリストの十字架上の死以来，キリスト教における宗教的象徴となりました。

〈参考文献〉
・橋爪大三郎，大澤真幸『ふしぎなキリスト教』（講談社）
・三ケ尻正『ミサ曲・ラテン語・教会音楽ハンドブック』（ショパン）

09　音程がとれない子への配慮

✓ 自分の声，聴いてる？

　音程がとれない子の多くは，そもそも歌っているときに自分の声を聴いていない可能性があります。聴くは英語のlistenにあたり，注意して耳を傾ける，傾聴することを指します。

　耳の後ろに手を当てると，自分の声を意識しやすくなります。バケツをかぶりながら歌うという荒療法（！）もあります。

✓ ピッチを聴く，トーンを聴く

　ピッチとは，音の高さを指します。トーンとは，音色を指します。音の高さが合っていても，音色が暗いと，音程は低く聴こえます。

　歌のピッチが下がる要因は，次の通りです。

①聴覚的要因
　・周りのピッチを聴いていない
　・自分の出しているピッチを聴いていない

②発声的要因
　・ピッチをコントロールする内喉頭筋「輪状甲状筋」が緩んでいる
　・身体の疲れ，支え不足により声門下圧が低い
　・風邪，歌いすぎなどにより声帯がむくんでいる

✓ 日頃から音楽を聴く習慣をつける

　音程がとれない子は，音楽を聴く習慣がないことが多いです。演奏する曲を意識して聴く習慣をもつところから始めましょう。パートを録音したものを聴くだけでなく，全体の演奏も聴きましょう。

✓ 持続音が出るキーボードでガイドする

ピアノの音では，音程をとりづらい場合があります。ピアノの音は段々減衰していくために，音程をとらえづらい可能性が考えられます。その場合は，持続音が出るキーボードでオルガンやオーボエの音で音程をガイドすると，音程がとりやすくなる場合が多いです。

✓ 口伝で音程を伝える

持続音が出るキーボードと同じように，一緒に歌って口伝で音程を伝えるのも，ピアノの音は段々減衰してしまうため音程をとりづらい場合には有効です。口伝の応用として，リーダーが歌ったメロディーをおうむ返しする練習も，音程をとれるようにするためのよい練習になります。キーボードやピアノで弾いた音をおうむ返しするのもよいでしょう。

✓ 聴きとり練習クイズを行う

正しいメロディーと間違ったメロディーの2種類をピアノで弾き，どちらが正しいかクイズを出題するのもよい練習法です。正しい音程を認識していないと，正しい音程で歌うこともできません。

✓ 音を思い浮かべる・心の中で歌う

実際に歌うのと，心の中で歌うのは，音読と黙読の関係に似ています。演奏するべき音を実際に声を出さずに頭に思い浮かべる能力は，楽譜の読譜能力であるソルフェージュの根幹となる能力です。

✓ 裏声の練習をする

音程がとりづらい，いわゆる音痴の克服には，裏声の練習が有効だと言われています。裏声と表声を行き来する練習を行うことで，内喉頭筋である輪状甲状筋をトレーニングすることができるという考え方です。第一人者は，三重大学の弓場徹先生です。

10　リズムがとれない子への配慮

　　リズムは音楽の3要素である「リズム，メロディー，ハーモニー」のうちの一つです。リズムを感じ取ることができるようになると，音楽を感じ取る力も高まります。

✓ **身体表現を取り入れる**
　　リズムがとれない場合の指導には，拍打ちやリズム打ち，歌いながら歩くなどの身体表現を取り入れます。拍やリズムを感じ取る力をつけましょう。拍打ちは，図形を覚えることで指揮の体験にもつながります。
　　身体を使うことでリズムや拍を体感できるとともに，生徒が互いのリズムをチェックし合うこともできます。

✓ **遊びの中のリズムを共有する**
　　合唱のリズム練習がうまくいかない場合は，子どもの遊びのように手をつないで一緒に手をふったり，なわとびを一緒に回したりすると，リズムを共有することができます。また，例えば，じゃんけんやあっち向いてホイはリズム感がないとできない遊びです。

✓ **手拍子を叩くところから始める**
　　リズムがとれない子は，手拍子も弱く叩きがちです。まずは，しっかり手拍子を叩くところから始めましょう。手拍子による「拍打ち」と「リズム打ち」は，身近ですぐ取り組める練習です。手を使うことで指揮の活動にもつながります。「拍打ち」ではメトロノームを使って基準となるテンポに合わせて手拍子をしていきます。「リズム打ち」では楽譜に書かれているリズムを手拍子で演奏します。

✓ リズム打ちしながら歌う

　リズム打ちに合わせて実際に歌うのも，とてもよい練習になります。例えば，フォルテでは手拍子も強く打ち，ピアノでは手拍子もソフトにします。軽やかな音楽のときは手拍子も軽く，重々しい音楽のときはしっかりと手拍子をしましょう。

　音楽の雰囲気を手拍子に反映させると，歌い方も変わってきます。この練習はリズムがとれる子にもぜひ試してみてください。

　歌のテンポが速くなる場合は，手拍子の拍と拍の間が短くなり，一拍ずつの長さを保つことができず，手拍子も速くなってしまいます。手拍子の拍と拍の間をできるだけ長くとるようにすると，手拍子のテンポが安定して，歌い方も改善されるでしょう。

　指導者が示す拍打ちやリズム打ちは，そのまま生徒の拍打ちやリズム打ちと直結します。指導者自身が音楽を感じ取ってお手本を示さなければ，練習の効果が弱まってしまうでしょう。

✓ 楽譜から忠実に読み取る

　音符の長さや休符も，楽譜からしっかりと読み取りましょう。音符を「パン」，休符を「ウン」のようにあてた場合，「ウン」のときには両手を握ると，手拍子との違いが明確になります。伸ばす音では，音の長さ分だけ両手を広げましょう。

✓ 指揮の体験をする

　拍打ちに慣れてきたら，指揮の図形を覚えることで指揮にもつながります。指揮を体験することで，指揮の見方もわかるようになっていきます。

11　変声期の子への配慮

　中高生への合唱指導は，ある意味，変声期との戦いとも言えるでしょう。変声期＝声変わりを無視して，中高生の合唱指導を行うことは不可能です。なぜなら，変声期とその後数年は人生の中で一番声のコントロールが難しい時期だからです。
　一般に見落とされがちなのは，次の2点です。

✓ 声変わり中は声のコントロールが難しい

　変声期になぜ声が出なくなったり，かすれ声になったりするのでしょう？変声期には急激に成長する声帯に対して，発声を調節する筋肉の成長が追いつかないために，発声が不安定になります。声が出しづらくなったり，話している途中で，突然声が裏返ってしまったりします。
　声変わり中は，常に喉が腫れている状態です。声の不調が3か月から1年間続いているようなものです。歌声はハスキーな音色になったり，音はぶら下がり気味になったりします。生徒の中には「自分の発声が悪いから…」と悩んでしまう子もいるでしょう。
　指導者にとっても，変声期中の生徒の指導は「どうしてできないの!?」という指導になりがちです。しかし，そのような指導では，生徒にとって歌うことだけでなく，音楽そのものが苦痛の種にもなりかねません。

　変声期には，高い音や大声を喉から絞り出すなどの無理な発声をさせないことが大切です。無理な発声をしていると，大人になっても声がかすれたままになってしまうなどの障害が起こることがあります。
　指導者は，喉だけで支えた音色ではなく，呼吸筋，特に胴回りとうなじの筋肉でしっかり支えた歌い方を教える必要があります。

また，生徒に変声期とは何かということを説明することも大切です。

✓ 女子にも声変わりがある

　声変わりと言うと，男子が大人になるときに起こる現象と考えられがちです。しかし，声変わりは第二次性徴の一つなので，男子にも女子にも起こります。ただ，男子と女子では，声変わりによる声の変化の幅が異なるため，女子の声変わりは本人も周囲も気がつかないことが多いのです。

　しかし，中高生の合唱指導では，特に女声の息もれ声（ハスキーな音色）が問題になります。これにも声変わりが影響していますので，女子にも声変わりがあることを忘れて，無理な指導をしないよう，注意することが大切です。

Column

合唱の上達を阻む3つのカベ

　筆者は，毎月100時間の合唱指導を10年間続けてきました。10年間の合唱指導の中で，合唱の上達に悩んでいる人にはいくつかの傾向があることに気がつきました。ここでは，「アッポッジョの感覚をつかむこと」を例にとり，合唱の上達を阻む3つのカベについてお話しします。

　オペラ歌手がアッポッジョ技法で歌うためには，何年も練習をする必要があります。それに対して，アッポッジョの感覚をつかむだけなら，それほど難しくありません。指導の中でアッポッジョの感覚をなかなかつかめない状態は，「合唱の上達を阻む3つのカベ」で言うと，以下のような状態です。

①恥ずかしさのカベ
　アッポッジョの感覚がつかめない人は，モノマネエクササイズが恥ずかしくて思い切れない人が多いです。

②先入観のカベ
　「歌を歌うときは脱力しなければならない」という先入観が強すぎると，アッポッジョの感覚がつかみづらくなります。アッポッジョは「支え」であり，「支え」とは「歌うのに必要な筋肉の緊張」だからです。

③気持ちのカベ
　どんなスポーツ，芸術でもそうですが，新しい技術を身につけるためには，これまでやってきたことをいったん脇に置いておいて，真っ白な気持ち，素直な気持ちで取り組む必要があります。

Part4

日々の練習に使える！
合唱のための
身体・声づくり

01　合唱に必要な筋肉トレーニング

　中学校の合唱部員，特に一年生の中には，腹筋を一回もできないという生徒がいることがあります。歌は身体が楽器なので，基礎体力は必須です。
　筋トレを軽視していると，「合唱部員より，日ごろ運動部で活動している応援部員の方が声がよく出る」ということになりかねません。
　また，日ごろ運搬などで鍛えている吹奏楽部の生徒たちは，合唱部よりも体力があるという例もあります。「運動部並み」とは言いませんが，最低限，体力づくりに励みましょう。

✓ バランスよく鍛える

　声楽の支えに関連する筋肉は，腹筋だけでなく，脇腹のあたりや，背筋，胸筋も含みます。したがって，腹筋だけでなく，背筋，そして，腕立て伏せなど，バランスよく鍛えましょう。
　例：合唱のための筋トレ，デイリーメニュー
　　　腹筋　　　　12回×3セット
　　　背筋　　　　12回×3セット
　　　腕立て伏せ　12回×3セット
　12回を1セットとします。12回というと，少なく感じるかもしれませんが，12回やると30秒休まないと辛いくらいのキツさでやります。12回以上できるとしたら，負荷が足りません。そして，1セットやるごとに30秒休憩します。したがって，2人1組で交互にやるのがよいでしょう。

✓ 腕立て伏せで，うなじの筋肉も鍛える

　腕立て伏せのときに，顔を上げ，前を向きながら腕立て伏せすると，胸筋だけではなく，うなじの筋肉も鍛えることができます。また，懸垂も，胸筋

だけではなく，うなじの筋肉も発達させます。

　なぜうなじの筋肉を鍛える必要があるのかというと，うなじの筋肉が喉仏を支える役割をしているからです。喉に余計な力が入ってしまう人は，首の筋肉が弱かったり，必要な力が入っていなかったりするために，首が緊張してしまうのです。

✓ 体育科の先生にアドバイスを求める

　筋トレは，正しいフォームで行わないと効果がないばかりか，最悪の場合，怪我など，身体を壊してしまいます。学校の合唱部の場合，筋トレの具体的なフォームやコツ，注意点は例えば，体育科の先生にアドバイスをお願いしてみましょう。

✓ 筋トレのタイミングは，朝練がオススメ

　タイミングとしては，一日のスタートである朝練がオススメです。筋トレをすると身体が温まり，声も出しやすいと思います。逆に，朝練ですぐ歌う場合は，少し身体を動かしてからの方がよいでしょう。

✓ 空腹の状態で筋トレをするのはNG

　「空腹の状態で筋トレをするのはNG」というのは，運動の世界では常識です。したがって，朝練で筋トレを取り入れているなら，朝食は食べてきた方がよいでしょう。そもそも，朝食を抜くと，集中力の低下など様々なデメリットがあります。時間がない朝も，朝練習に遅れない範囲でしっかり朝食をとりましょう。

✓ ブレスの練習との組み合わせで筋肉を体感

　筋トレをしながら息を吐いたり，歌ったりしてみましょう。筋トレとブレスの練習を組み合わせたり，筋トレをしながら歌うことで，息を吐いたり歌ったりするときに，筋肉がどう使われているのかを体感することができます。

02　発声前のストレッチ

　発声前のストレッチは，今からスポーツ，特に水泳をするときのようなストレッチをするとよいでしょう。歌は全身運動なので，身体が硬いと，どうしても疲れやすくなります。したがって，首や骨盤，肩甲骨以外に，一見，歌とは関係なさそうな手首や足首，アキレス腱なども，ストレッチをすることによって，疲れづらくなるでしょう。
　ここでは，特に「呼吸筋」と呼ばれる呼吸に関係する筋肉のストレッチを紹介します。

　呼吸は肺が膨らんだり，縮んだりすることで行われます。しかし，肺そのものは，筋肉ではなく，呼吸筋と呼ばれる筋肉が働くことで，膨らんだり，縮んだりします。
　呼吸筋は，吸うときに使われる「吸気筋」と，吐くときに使われる「呼気筋」に分かれてます。また，姿勢の要となる脊柱起立筋は，吸気筋をサポートします。したがって，呼吸と姿勢は密接に関連しており，姿勢が悪いと浅い呼吸になりやすくなります。
吸気筋…横隔膜，外肋間筋，胸鎖乳突筋，斜角筋，胸筋，僧帽筋，脊柱起立
　　　　筋など
呼気筋…内肋間筋，腹直筋，腹横筋など

✓ 首と肩のまわりのストレッチは発声に有益
　首の筋肉には，歌を歌うのに必要な喉頭を支え，胸郭を引き上げる筋肉が含まれています。首の筋肉が疲労すると，よい声が出しづらくなります。したがって，歌う前に首と肩のまわりをストレッチすることは，発声の観点から有益だと言えるでしょう。

○首のストレッチ〜手を添えて
　下向きは僧帽筋と斜角筋，上向きは胸鎖乳突筋の吸息筋をストレッチ。
○肩のストレッチ〜肩の上げ下げ
　首からつながる肩の筋肉である僧帽筋も吸気筋であり，アッポッジョにかかわる筋肉です。吸いながら肩を上げたり下げたりしましょう。
○体幹
　体幹はアッポッジョの中心です。しっかりとストレッチしましょう。
○肋間筋〜片方ずつ手を上げながら
　肋間筋はアッポッジョ＝声の支えを担当する花形の筋肉です。歌う前に肋間筋をストレッチすることで，よい発声を引き出しましょう。
○腰のまわり〜上体そらし
　腹直筋と内腹斜筋，外腹斜筋を伸ばします。脇腹にある内腹斜筋と外腹斜筋もストレッチしましょう。

✓ 意識しながらストレッチをする

　呼吸筋のストレッチは，すべて吸ったり吐いたりしながら行います。歌に使われる筋肉を意識しながらストレッチ，トレーニングをすることで，身体という楽器が育っていきます。ストレッチを行うときは，伸ばしている筋肉を意識しながらストレッチしましょう。

✓ ラジオ体操も呼吸筋のストレッチに最適

　ラジオ体操もまた，呼吸筋のストレッチに最適です。日々，ラジオ体操をしながら呼吸筋のストレッチを意識してみてください。

03 ウォーミングアップのための発声練習

　合唱を歌うためには，声を出さなければなりません。声を出すためには，適切な発声法が必要です。適切な発声法を習得し，スキルを維持，向上するために，歌を歌う人は日々，発声練習を行う必要があります。ここで合唱の発声練習において大切なことを確認しておきましょう。

　発声練習には大きく分けてウォーミングアップ，課題克服の2種類の目的があります。
　ウォーミングアップのための発声練習は，毎日歌う前に必ず行います。試験期間など部活がない日も，自宅で一日10分程度，休まずに声を出してほしいところです。不調にならないように，コンディションを整える意味合いもあります。

✓ サイレンのモノマネ

　サイレンのモノマネは，ウォーミングアップに最適です。
　地声の最低音域から裏声の最高音域までサイレンのモノマネをします。

「ウーーーー（切り替わり）う～～～～」

　低い地声から始めて，段々音を高くしていくと途中で裏声に切り替わります。思い切りが肝心です。

✓ アジリティの感覚を呼び覚ますモノマネ練習

　次に，アジリティの感覚を呼び覚ますモノマネ練習で，声を起こしていきます。

- 悪役のモノマネ「フッフッフッフッ」（ハミングで含み笑い）
- おばけのモノマネ「う～ら～め～し～や～」（たくさんビブラートをつけて）
- 犬のあえぎのモノマネ「はぁはぁはぁはぁ」
  恥ずかしがらないのがポイントです。

✓ 子音を用いた練習

　子音 s・子音 z でスタッカート練習をします。段々エンジンがかかってくるのがわかると思います。

子音 s
- わき腹を触る。人差し指を肋骨の下に，親指を背中側に，小指を腰骨の位置に置く。
- 力強く子音 s を発音する。

子音 z
- 同じくわき腹を触る。人差し指を肋骨の下に，親指を背中側に，小指を腰骨の位置に置く。
- 声に出して子音 z を発音する。オートバイの空ぶかしのように。

✓ バランスのとれた歌いだし練習

　仕上げに，歌いだし練習をします。喉詰め声になってしまう場合は，「ハッ」息もれ声になってしまう場合は，「ッア！」で練習した後，自分以外には聞こえない大きさの子音 h を母音に先行させて，

「(h) アッ (h) アッ (h) アッ (h) アッ (h) アッ」

とスタッカートをすると，段々バランスのとれた歌いだしができるようになります。
- 同じ音をア母音のスタッカートで歌います。
- 下降音階をア母音のスタッカートで歌います。

04 課題克服のための発声練習

　課題克服のためには，日々の発声練習でウォーミングアップをするだけでは不十分です。スポーツと同様に，課題克服のためには相応のトレーニングが必要です。課題克服の方向性は，次の点になります。

✓ **体育館やホールでも聴こえる声を目指す**
　どんなによい表現をしても，聴こえなければ歌っていないのと同じです。音楽室で練習しているときは，ボリュームを抑える方向に練習しがちですが，肝心のホールで聴こえなければ意味がありません。
　フォルテで歌うときはもちろん，弱声でもホールで歌う場合は声に「シンガーズ・フォルマント」がなければなりません。課題克服の方向性の一つ目は，あらゆる音量，音高，母音において，「シンガーズ・フォルマント」を維持できるようにすることです。これを達成するためには，声道の形を声帯が発した振動にマッチさせる必要があります。

✓ **すべての発声練習は，詩と曲の世界を表現するために行う**
　すべての発声練習は，詩と曲の世界を表現するために行います。よくある発声上の問題の多くは，発声練習が目的になってしまい，声が詩と曲の世界を表現するために使われなくなっていることが原因となって生じます。
　よい発声練習のキーワードは「声を詩と曲の世界にマッチさせる」ことです。発声に何らかの困難を抱えている場合には，ボイストレーニングによって原動力（呼吸管理），振動器（喉頭），共鳴器（声門上の声道）を体系的に調整する方法を学ぶ必要があります。しかし，どの段階においても，すべての発声練習は，詩と曲の世界を表現するために行うということを忘れてはいけません。

✓ 声の問題は，共鳴や呼吸法といった独立した問題ではない

　発声器官は原動力（呼吸管理），振動器（喉頭），共鳴器（声門上の声道）の3つの部分から構成されています。

　声について何らかの問題を抱えている状態は，単に共鳴や呼吸法といった独立した問題ではなく，発声器官の3要素である原動力，振動器，共鳴器の相互作用に不具合が生じている状態です。したがって，発声にかかわる現状の課題を克服するためには，共鳴や呼吸法などそれぞれ個別の問題としてとらえるのではなく，発声器官の3要素の相互作用に注目する必要があります。

　よくある発声上の問題例を紹介します。「過ぎたるは及ばざるが如し」が合言葉です。

「軟口蓋の上げすぎ」
「喉仏の下げすぎ」
「子音の立てすぎ」
「鼻腔共鳴を意識しすぎて鼻声」
「腹式呼吸を意識しすぎてお腹がぐわんぐわん」
「ビブラートのかけすぎ，かからなすぎ」
「情感を込めて歌おうとしすぎてシラブルごとに後押し」etc.

Column

身体づくりの重要性

　合唱は身体が楽器です。したがって，合唱をするための身体づくりはとても大切です。

　ある中学校に校内合唱コンクールの審査，講評で伺ったときの話です。あまり元気がないクラスもある中，いくつかのクラスは声量十分，立派な演奏をしていました。
　筆者は審査終了後，音楽科の先生に，
「あそことあそこのクラスが立派でしたが，やはり合唱部員がたくさんいるんですか？」
と質問しました。
　しかし，先生からの返事は，
「いいえ，合唱部員はどのクラスにも満遍なくいるのですが，あそことあそこのクラスは運動が得意な生徒が多いクラスなんです」
というものでした。
　このとき，筆者は，
「合唱は身体が楽器であり，身体づくりはとても大切である」
ということを再認識しました。

　日頃，生徒には，
「他校の生徒と一対一で相撲をとって勝てるくらいじゃないと，声量で負けるぞ」
と言っています。

Part5

成功間違いなし!
合唱コンクールに向けての指導

01　選曲の仕方

✓ **選曲という重要なイベント**

　選曲は，指導者にとっても学習者にとっても，合唱の活動に大きな影響を及ぼすという意味で，非常に重要なイベントです。

　過去の合唱コンクールにおける選曲情報は，ネット検索で容易に調べることができます。さらに視野を広げて，YouTube で世界中の合唱曲を探すこともできます。

　ひと昔前は演奏会で「外国作品を本邦初演」という売り文句がありましたが，今や中学生でも合唱曲を探すことができる時代になりました。

　コンクールの選曲で，前年度にコンクールで賞をとった学校が歌った曲を選曲する学校が多いですが，これは要注意です。「この曲をやっておけば賞がとれるだろう」式の選曲では，煮詰まったり，飽きてしまったり，すぐに限界がきてしまいます。また，流行りの曲は，他校と選曲が重複してしまう可能性もあります。よく演奏されている曲は比較しやすく，審査員の印象もよいとは言えないでしょう。

　某巨匠合唱指揮者は
「千の曲から選ぶから，選曲という」
と言ったとか。

　最終的には，学習者の実態に即した選曲，そして，指導者が得意な曲，または好きな曲を指導者自身で選曲するのが一番よいと思います。

✓ 本物を与えるのも一つの方法

　好きなものは知りたくなり，もっと学びたくなるものです。中学生も，例えば，理科や社会科の学習において，興味があれば学習用の副読本では飽きたらず，大人が読む専門書を読む生徒も出てくるでしょう。そういう生徒には，中学生だからと中学生向けに学習内容を簡単にしないで，本物を与えるのも一つの方法ではないかと思います。

　選曲についても，同じことが言えます。意欲のある生徒たちには，大人が歌うのと同じ曲を与えることも一つの方法です。

　もちろん，成長期である中学生の身体的な諸条件は，運動部における指導と同様に配慮する必要があります。例えば，変声期の生徒に，音域的に無理のある曲を与えることはあまりオススメできません。指導者が生徒の実情を考慮したうえで，適切な発声指導を行うことができ，生徒たちに知りたい，学びたいという意欲があってはじめて，大人と同じような曲を与えることができると思います。

　コンクールの選曲となると，数か月にわたって取り組むことになります。今，生徒たちにその曲を与える意味，意義としっかり向き合いましょう。

02　パート分け

　パート分けは，合唱と独唱の一番の違いであり，合唱の特徴は，複数の人間がいくつかのパートに分かれて同時に歌うことです。したがって，合唱におけるパート分けは，独唱における声種判定（声の高さとチェンジの位置，音色（声の太さ）とキャラクターの観点で声種を判定します）とは異なった観点が存在します。

　パート分けは，個々人の問題にとどまらず，合唱団の全体のサウンドに大きな影響を与えます。キーワードは，「適所適材」です。以下，声楽の声種判定の観点に，合唱特有のパート分けの観点を加えて解説していきます。

✓「高い声が出るからソプラノ」とは言えない

　女声の場合，ト音記号第3線シの付近にいわゆるボイスチェンジがあります。ボイスチェンジとは，声のギアチェンジのようなものです。一般的に，ソプラノはボイスチェンジがト音記号第3線シより高い位置にあり，アルトはその三度下にあると言われています。「高い声が出るからソプラノ」とは一概には言えません。

　以下，パート分けのヒントを紹介します。

①高音だけが得意なソプラノは，決めどころを任せる

　一点突破，決めどころの高音を決める大切な役割を担当することができます。また，「高音が得意だが，地声は低い」という場合は，実はアルトに適性があるという可能性もあります。

②裏声が苦手なアルトは，テノールパートで起用する

　裏声が苦手，またはまったく裏声を出すことができないアルトメンバーは，

女性テノールとしてテノールパートを手伝うことが可能です。特に中高生の合唱団では，テノールパートが人数不足になりやすいので，女性テノールを起用するのはよい作戦だと思います。

✓ 音色（声の太さ）とキャラクターは関係がある

　声優の声を思い浮かべるとわかるように，音色（声の太さ）とキャラクターは関係があります。

①高音が出るメゾ（声が太い）は，ソプラノパートの中核にする

　特に中高生の合唱団では，いかにいわゆる「大人の声」を出すかが問題になります。合唱団にとって，高音が出るメゾ（声が太い）メンバーは，ソプラノパートの中核となる可能性があります。

②声変わり前の男子は，ソプラノやアルトパートに混ぜる

　声変わり前の男子は，ソプラノやアルトパートを歌うことも可能です。一般に，声変わり前に，出しづらい低音を無理に出そうとするのは避けた方がよいでしょう。また，混声合唱ではなく，女声合唱に男子アルトを加えてコンクールに出ることも可能です。

③声が低くてオクターブ下で歌ってしまう男子は，選曲でよさを生かす

　一般的に，このタイプの生徒は，合唱に苦手意識をもっていることが多いですが，彼しか出せない低音が武器になります。バスの低音はトレーニングしたからといって，出せるようになるものではありません。彼がいることで，低音を出せる生徒がいないと演奏できない曲を選曲することができます。

　一般に，独唱においては，大学生くらいまでは声種を固定しない方がよいと言われています。例えば，多くの場合，高校生のうちは特定の声種の楽曲を歌うのではなく，移調可能な（歌いやすい）歌曲に取り組みます。声が成熟してくると，徐々に声種を判定することになります。なので，合唱においても，若いうちは声種を固定しない方がよいでしょう。

03　パートリーダーの決め方・育て方

✓ **パートリーダーの決め方**

　歌が一番うまい生徒が一番適任である，とは限りません。もちろん，ある程度歌がうまい必要はあります。他生徒からの信頼も得られますし，コンクールやアンサンブルコンテストなどで人数を絞るときに，パートリーダーが選ばれないような事態はできれば避けたいものです。

　パートリーダーの適性として，次の点が挙げられます。
①ピアノが弾けること
　ピアノが弾けることは，大事な要素です。パートリーダーは最低限「自分が歌うパートのメロディーをピアノで弾けるようになるまで練習することができる生徒」でなければなりません。男子パートでピアノが弾けるリーダーがいない場合は，音とりのためのパート音源が必要になったり，女子生徒にピアノを弾いてもらったりする必要があります。
　基礎力アップのためには，すべての部員が「自分が歌うパートのメロディーをピアノで弾けるようになるまで練習する」ことをオススメします。
②誰よりも早く音をとること
　パート練習を仕切るためには，誰よりも早く音をとっていなければなりません。誰よりも早く音をとるという熱意が必要だとも言えます。

✓ **パートリーダーの育て方**

　部活においてのパートリーダーの役割として，練習に対しての意識，出席率など，他生徒の規範となる必要があります。したがって，パートリーダーの育て方として，技術よりも，パートリーダーが他生徒の規範となる必要があるということを理解させる必要があります。

パートのメンバーが遅刻，欠席する場合に，その理由を把握しておくこともパートリーダーの大切な仕事です。また，パート分けやカンニング・ブレスの位置など約束事を記録，徹底することもパートリーダーの仕事です。
　例えば，次のような心得をパートリーダーに示してみてはいかがでしょうか。

パートリーダー心得
その1．
　パートのメンバーに音程の低さ，音色の暗さ，声量の少なさ，過度のビブラートを指摘するときは，伝え方に細心の注意を払って。さもなければ，あなたが指摘するたびに，それらが悪化する危険があるから。
その2．
　アンサンブル（合わせ）の練習中は，まず第一に，自分の歌に集中する。そのうえでそれでも気になった，重要な点のみをメモ。休憩中などに個別に指摘する。間違っても歌いながらパート内の粗探しに没頭するようなことがないように。
その3．
　練習中どんなに気になっても，顧問の先生が演奏をとめたときに，顧問の先生より先に指示を出さない。また，顧問の先生が話している最中に，別の話題の指示を出さない。
その4．
・指示は最小限に。メンバーの自発性を奪わない。
・本人が気づいていることを追いうちをかけて指摘しない。
　×「～しないで」×「～して」
　◎「～してみて」

　人数が多い部活では，パート練習を仕切るパートリーダーと出席管理，約束事を記録，徹底するパートマネージャーの分業制にするのもよいでしょう。

04　伴奏者の決め方・育て方

✓ ピアノが弾ける生徒の見極めに注意する

　クラス合唱の場合は，ピアノを習っている生徒に依頼することになりますが，生徒のピアノの力量をしっかりと見極める必要があります。一度依頼してしまってから，「やっぱり，別の生徒に」というわけにはいかなくなります（教師と生徒との信頼関係にかかわります！）。もちろん，信頼関係があれば，ピアニストの変更も可能かもしれませんが。

　選曲の段階で，ピアニストが弾けそうな曲を選曲するという観点も必要になります。クラスに該当者がいなければ，ア・カペラを選曲するという選択肢も検討しましょう。

　次のような点に注意を払いながら，伴奏者を育てます。
①まずはじめに，左手は確実に演奏できるようにする
　左手が崩れると，テンポが乱れてしまい，演奏全体に影響を与えてしまいます。本番の演奏が心配な場合は，まず左手を練習させましょう。
②指揮を見る・感じる，合唱を聴く余裕が生まれるまで練習させる
　合唱のピアノを弾くためには，ピアノの発表会でかろうじて演奏できるレベルでは，残念ながら不十分です。指揮を見る・感じる，合唱を聴く余裕が生まれるまで練習しなければなりません。
③指揮者と意見交換しながら，最適な音量バランスとテンポを決定する
　ピアノ演奏に必要な要素に加えて，合唱とのアンサンブルで特に重要になるのが，合唱とピアノの音量バランスとテンポです。音量バランスとテンポに注意を払うためには，ピアニスト側に合唱を聴く余裕がなければなりません。指揮者と意見交換しながら，最適な音量バランスとテンポを決定していきましょう。

✓ 合唱部の場合、ピアニスト選びはより慎重に行う

　合唱部の場合は、外部に依頼する場合もあるでしょう。

　合唱におけるピアニストは、責任重大です。演奏の仕上がりを左右してしまうと言っても、過言ではありません。ボイストレーナーとピアニスト、予算の関係で一人しか頼めないとしたら、迷うことなく信頼できるピアニストを頼むべきです。そのくらい重要です。ボイストレーナーは勉強すれば顧問が兼ねることができますが、顧問が指揮するとなると、ピアニストは兼ねることができません（ピアノが弾ける優秀な生徒がいれば、話は別かもしれませんが）。

　外部に依頼する場合は、合唱とのアンサンブルに慣れている専門家に依頼する必要があります。合唱とピアノのアンサンブルは、場数と慣れが必要だからです。また、ピアニストに依頼したら、ぜひ２回３回と本番を重ねてください。去年よりも今年、今年よりも来年はさらによいアンサンブルになるでしょう。

　売れっ子のピアニストに頼むと、セッションにあまり時間がとれなかったり、本番の日程が空いていなかったりしてしまうかもしれません。

　また、合唱指導ができるピアニストもいます。例えば、オペラの世界では歌手に歌い方を教える「コレペティトゥア」と呼ばれるピアニストがいます。合唱とのアンサンブルに慣れているピアニストは、合唱についてもとても詳しく、合唱指導もできるピアニストが多いです。

　外部指導者の予算がない場合は、合唱指導ができるピアニストにお願いするのがよいでしょう。

05　音とり

✓ 合唱コンクールで金賞をとるより大切なこと

　音とりは，譜読みの一部です。譜読みとは，楽譜を読めるようになることであり，そのようなソルフェージュ力（音楽の基礎能力）を高めることを学べば，子どもたちは今後の人生において，より深く，音楽とかかわれるようになります。それは，子どもたちの人生がより豊かになることを意味しています。このことは，合唱コンクールで金賞をとることより，はるかに大切なことだと思います。

✓ 目標は，全員が最低限，自分のパートの音をピアノで弾けること

　音とりは，「すべてのメンバーが自分で音とりができる，またはできるように努力する」ことが理想です。すべてのメンバーが，自分が演奏する曲の，最低限，自分が演奏する声部の音（パート）はピアノで弾けるべきです。

　実際，自分で音を生み出すプロセスを踏まずに「とった音」は，すぐに忘れてしまいます。なかなか定着しません。間違いにも気づきにくくなります。それでは，高いレベルでの合唱演奏は難しいです。

✓ まずは固定ド唱で一緒に歌い込むこと

　とは言っても，いきなり全員がピアノで弾けるようにすることは難しいです。事前の策として，パートリーダーがピアノを弾く，またはいわゆる「パートテープ」（録音）に合わせて歌うことになります。

　しかし，その場合でも，ソルフェージュ力を高めること，ピアノで弾けるようになるための努力は惜しまないよう，子どもを導いてほしいと思います。すでに覚えてしまったメロディーを階名で歌うこと，ピアノで弾くことも，ソルフェージュ力の向上に役立ちます。

そこで，自分でピアノを弾きながら，固定ド唱で一緒に歌い込みます（移動ド唱も便利ですが，ピアノで音をとる場合には少し不便です）。
　固定ド唱とは，何調であっても鍵盤上の音名をイタリア音名（ドレミ）で歌うことを指します。移動ド唱とは，ヘ長調ならファをドと読むなど調性に応じて階名を読み替えて歌うことを指します。

　コンクールで歌う曲なら，階名を暗譜してしまうくらい歌い込み，弾き込んでください。それによって，ソルフェージュ力が高まり，リズムも音感も身につきます。

06　練習中の列の並び方

　列の並び方も，独唱と合唱の違いの一つです。
　複数の人間が声を合わせる合唱において，列の並び方は練習の質や演奏の仕上がりに強く影響します。

　混声合唱で一般的なのは，
　混声四部なら
　SATB
　混声三部なら
　SAB

　アカペラなど，女声が男声の響きを聴きやすいのは，
　BT
　SA
などです。

　女声合唱であれば，
　SMA
　SSAA
　男声合唱であれば，
　TTBB

　Sはソプラノ，Mはメゾソプラノ，Aはアルト，Tはテノール，Bはバスパートです。

例えば，練習中に，
　SATBSATBSATBSATB
と並ぶと，カルテットの小アンサンブルがいくつもあるような形になり，自分のパート以外の音を聴きやすくなるでしょう。また，いつもは同じパートに囲まれているので，自分の歌っている音の高さや音色を聴きやすくなるでしょう。

　他にも，曲によっては，
　STSTSTSTABABABAB
と並ぶと，高声系（ソプラノ・テナー）と低声系（アルト・バス）の音楽的なコミュニケーションが増し，ユニゾンやオクターブがそろいやすくなるでしょう。

　キャンプファイヤーやマイムマイムのように，部屋を囲むように並ぶと，互いの顔を見ながら歌うことができます。他者の存在を感じるだけで発声や音程が改善する効果もあると考えられます。

07　舞台上での列の並び方

　コンサートや合唱祭，コンクール，アンサンブルコンテストなどでの並び方は，ある程度の慣れが必要です。

✓「舞台上での聴きやすさ，演奏しやすさ」から並び方を工夫する
①指揮が見えるように調整する
　前に並んでいる人が後ろを確認することは難しいので，後ろに並んでいる人が左右に少しずれることで，指揮が見えるように調整することになります。演奏会や一部の合唱祭では，本番前に立ち位置を確認することができます。まず第一に，指揮を見ることができるかを確認する必要があります。
②ホールの響きを確認しながら並び方を工夫する
　事前に本番のホールで練習することができるならなおよいでしょう。実際にホールの響きを確認したり，互いの聴こえやすさを確認したりしながら，並び方を工夫することができます。
　ホールにもよりますが，反響板などの影響や並び方によって，互いの聴こえやすさや客席に届く響きが変わることが多いです。

✓「声の飛び」から並び方を工夫する
①残響時間
　残響時間は，一般的に講演や演劇などでは短めがよく，合唱などでは長めがよいと言われますが，いわゆる〇〇文化会館的なホールは，昔からほとんどが多目的ホールであり，式典からコンサートまで一つの空間で行う必要があったため，短めの残響時間に設定している場合がほとんどです。
②直接音と残響音
　直接音というのは，文字通り舞台上から客席にダイレクトに伝わる音です。

それに対して，残響音というのは，反響板などに響いてから届く音です。一般的に，響かないホールでは直接音がよく伝わり，響くホールでは残響音を利用する方がよいと言われます。具体的には，響かないホールではいわゆるベタを使って並び，響くホールではひな壇を使って並ぶという方法が考えられます。ベタというのは「台に乗らない，舞台上」のことを指し，例えば，舞台での並び方を指示するときに「ベタ，1段目，2段目，3段目…」のようにカウントしたり，「一列目はベタに並んでください」などの使い方をしたりします。

　本番では，入場したときに一人ひとりが自覚をもち，しっかりと並ぶ必要があります。入場前に自分が並ぶのは何段目の，どのあたりなのか，正しく把握しましょう。
　段のどのあたりに立つかについては，客席を目安にするのが有効です。

08 指揮法

　指揮法とは，指揮者が思い描いている音楽を，言葉を使わずに演奏者に伝える手段です。指揮法には，身振り手振り，顔の表情，息づかいなどが含まれます。見る人が見れば，指揮者がどのような音楽を思い描いているか，指揮をする後ろ姿だけで伝わってしまいます。

✓ 指揮法の基本は「右手は図形とテンポ，左手はそれ以外」

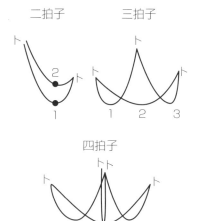

　まずは右手だけで，それぞれの拍子を決まった図形で振りましょう。一般的に，テンポが速い曲では，拍までの速度は速く，拍での滞在時間は短くなります。それに対して，ゆったりした曲では，拍までの速度は遅く，拍での滞在時間も長くなります。

　左手は，音楽のイメージ，強さ，音色，ニュアンスを思い描き，それを身振りによって演奏者に伝える手段として，アインザッツを出します。いかに指揮者が次に出る音をイメージしているかが，左手の使い方のポイントになります（→ p.122「アインザッツ」を参照）。

✓ よい合唱指揮者の指揮を見て勉強する

　よい合唱指揮者の指揮を見て勉強するのも効果的です。例えば，よい合唱指揮者は，発声指導をしなくても，指揮者の身振り手振り，顔の表情，息づかいなどで，歌い手からよい発声を引き出します。

✓ 鏡を見ながら練習する

　自分の指揮を客観視するには，鏡を見ながら練習するのがよいでしょう。また，録画も有効です。自分の身振り手振り，顔の表情，息づかいなどが，歌い手の声にどのような影響を与えているか，録画を分析して検証しましょう。

　さて，世の中には，いろいろな指揮者がいます。以下はその一例です。

a．よい音楽を思い描き，よい身振りによってそれを伝えている。
b．よい音楽を思い描いているが，悪い身振りによってそれが伝わっていない。
c．身振りはそれっぽいが，よい音楽を思い描いていない。
d．よい音楽を思い描いておらず，身振りも悪い。

a．よい音楽を思い描き，よい身振りによってそれを伝えている。
→好ましい指揮者の姿，筆者もこうありたいです。

b．よい音楽を思い描いているが，悪い身振りによってそれが伝わっていない。
→指揮の技術はまだまだこれからですが，よく勉強しています。事前の練習などでしっかり仕込めば，合唱団もよい演奏をすることができます（ただし，やや予定調和的）。

c．身振りはそれっぽいが，よい音楽を思い描いていない。
→あまりよくない指揮者です。しかし，素人相手ならごまかせるかも（なおさらまずいですね）。

d．よい音楽を思い描いておらず，身振りも悪い。
→なぜ指揮を振るのか，モチベーションから見直しましょう。

09　アインザッツ

　音の出始めの瞬間を「アインザッツ」と言います。英語では「アタック」または「オンセット」と言い，それに対して音の終わりを「リリース」と言います。

　指揮法においては，各パートの歌い出しやゲネラルパウゼ（総休止，音のない状態）の歌い出しの合図のことをアインザッツと呼び，合図を出すことを「アインザッツを出す」と言います。

　曲中において，特定のパートにアインザッツを出すときは主に左手を用います。

✓ アインザッツは指揮の技術が必要

　全体へのアインザッツ，例えば，ア・カペラの歌い出し，またはゲネラルパウゼから合唱部員全員がタイミングをそろえて声を出すときはズレやすく，通常よりも緊張が高まります。したがって，アインザッツを出すには指揮の技術が必要です。

✓ アインザッツはただの合図にとどまらない

　アインザッツを出す動作の奥深さは，ただの合図にとどまりません。次に出る音のイメージ，強さ，音色，ニュアンスを思い描き，それを身振りによって演奏者に伝える手段としてアインザッツを出します。次に出る音のためにアインザッツを出すのですから，音に合わせて合図を出すだけでは不十分なのです。したがって，アインザッツの瞬間，いかに指揮者が次に出る音を

イメージしているかが最大のポイントになります。
　アインザッツを出すことが音楽を表出することだとすれば，指揮者の舞台上での仕事はテンポを示すこと，アインザッツを出すことと言っても，過言ではありません。その指揮者がよい音楽をもっているかは，音を発する前にわかってしまいます。

✓ アインザッツは歌いだす前のブレス

　アインザッツは，歌で言えば歌いだす前のブレスです。したがって，合唱指揮者のアインザッツは，歌い手に息の吸い方を教えることになります。どのように息を吸うかによって，次に歌いだされる声の音色や強さが決まります。したがって，アインザッツでどのような声が出るかが決まると言っても，過言ではありません。

✓ アインザッツは合唱指揮者の極意

　アインザッツに指揮者の音楽が表れます。合唱指揮者は，それを身振りで示して歌い手にブレスを吸わせます。それこそが合唱指揮の極意です。

　アインザッツに大切なことは，次の2つです。
①よい音楽を思い描くこと
　指揮者としてよりよい音をイメージするためには，何が必要でしょうか？　スコアリーディングで楽譜から音をイメージする，ピアノを使って和音をイメージする，優れた合唱をたくさん聴くことが必要です。
②その音楽をどのような身振りで伝えるかということ
　指揮者が思い描いたよい音が，よい身振りによって歌い手に伝わる，文字通りのよい身振りとはどのようなものでしょうか？　よい合唱指揮者の指揮を見て勉強する，鏡を見ながら練習することも有効です。

10　アイコンタクト

アイコンタクトは，演奏中のコミュニケーションであり，アインザッツの一種と言えます。

✓ よいアイコンタクトと悪いアイコンタクトがある

　アイコンタクトには，大きく分けて以下の2つがあります。
①よいアイコンタクト
・演奏開始前に「さあ，音楽を始めよう」というアイコンタクト
　指揮者が緊張しているとアイコンタクトを忘れがちです。
・歌い手が間違えたときにチラッと一べつしてほほえみ。
　本人が間違えたことに気づいている場合は，間違えてもあえて無視することもあります。
・大切な箇所で，大切なパートが出るタイミングの前に「頼むぞ」
　いわゆるアインザッツです。
②悪いアイコンタクト
・ミスリード（関係なく目線を合わせてしまう）
　「今，私が変な声を出したから先生と目が合ったのかなあ」と余計な心配をさせてしまいます。

✓ **合唱団員同士のアイコンタクト（他者とかかわろうとする意識）**

　合唱においては，まずは自分の音をしっかりと覚えて他のパートにつられないようにする必要があります。そうなってはじめて，他のパートを聴く余裕が生まれる面もあります。しかし，声は元来，コミュニケーションの道具です。合唱練習において他者とかかわろうとする力が弱くなり，発声や音程にとらわれた結果，かえって音程が定まらなくなることも多いのです。逆説的ですが，これではよい合唱には程遠いと言えるでしょう。

✓ **アイコンタクトはアンサンブル能力と直結する**

　合唱において，他者とかかわろうとする意識は，アンサンブル能力と直結しています。合唱団員間でアイコンタクトをとり合う練習は，一人ひとりの他者とかかわろうとする意識を呼び起こし，他者とかかわろうとする力を高めます。結果として，音程が改善したり，声量をコントロールする感覚が身についたりするでしょう。隊列を工夫し，互いの顔が見える状態で，互いにかかわり合いながら歌うことによって，アイコンタクトがとりやすくなり，発声が改善するでしょう。

✓ **アイコンタクトは目的ではない**

　アイコンタクトはあくまでも「他者とかかわろうとする意識」や「のびのびと歌える心理的な安心感」を意識するための手段です。「他者とかかわろうとする意識」や「のびのびと歌える心理的な安心感」というのがよい音程で歌うための重要な要素です。

　アイコンタクトをとっていても，メンバーがピリピリムードでアンサンブルをしていては，アンサンブルはギクシャクしてしまい，よくなりません。アイコンタクトをとり合えるだけの「安心感」をもてるような場や空間をつくることが，指導者に求められているのです。

11 指揮を置かない小編成のアンサンブル

　指揮を置かない小編成のアンサンブルを体験するメリットは，第一に「演奏者の自主性を養う」ことが挙げられます。

　演奏する場合の注意点は，次の通りです。
・特にテンポについて，指揮者がいないと段々遅くなってしまわないように。
・せっかく指揮者を置いていないのですから，誰かがずっと手を動かしたりしないように（それなら前で指揮した方がよい）。
・歌いはじめ，テンポの変わり目，そして歌いおわりをよく練習しておきましょう。

　指揮を置かない小編成のアンサンブルは「究極のアクティブ・ラーニング」と言えるでしょう。しかし，「アクティブ・ラーニング」と「放ったらかし」は違います。指導者の役割として，よいタイミングで適切なアドバイスしましょう。

✓ 小編成のアンサンブルの練習法
①慣れるまではメトロノームを使ったり，拍を打ったりして練習する
　はじめのうちは，互いに探りながら歌うために，テンポがどんどん遅れていってしまうものです。「指揮がないとテンポが遅くなってしまう」段階というのは，指揮なしのアンサンブルをするにはまだまだ準備不足です。
②録音する
　自分たちの演奏を録音，スピーカーなどで再生して全員で聴いてみましょう。大人数での演奏よりも一人ひとりの声が聴こえてきます。意図している演奏になっているか，演奏者一人ひとりがチェックしましょう。

③互いに聴き合う，意見を交換する

　部活内で複数チームをつくる場合は，互いに聴き合って感想を言い合いましょう。また，チーム内で積極的に意見を交換し合いましょう。

✓ 小編成のアンサンブルに適したレパートリー

　小編成のアンサンブルに適したレパートリーは意外に少ないものです。YouTubeなどで探したり，勉強を兼ねて自分が出場しない日にアンサンブルコンテストを聴きに行ったりして「この曲は自分たちに合うかも」というレパートリーを開拓しましょう。

✓ 少人数によるアンサンブルコンテスト

　近年，都道府県単位で「ボーカル（声楽）アンサンブルコンテスト」や「合唱アンサンブルコンテスト」の名称で，少人数によるアンサンブルコンテストが開催されています。

　アンサンブルコンテストは合唱コンクールと違って「少人数でも参加できる」「課題曲がない」など，少人数の部活でも参加しやすいイベントであることが多いようです。

　中高生の場合は，指揮者が演奏に加わることがまだまだ多いですが，実力アップのためにぜひ「指揮を置かない小編成のアンサンブル」に挑戦してみてはいかがでしょうか？

12　本番前の指導法—2週間前

　本番前になったら，完成に向けて練習のペースを管理するとともに，本番を想定した練習を行っていきます。ここでは2週間前，1週間前とカウントダウンをしながら，練習ペースの管理法と本番を想定した練習を紹介します。

✓ 階名で暗譜する

　オススメしたいのは，本番2週間前までに自分の歌うパートを階名で暗譜することです。音とりに不安がある状態では，十分な音楽づくりを行うことに困難を伴います。本番2週間前からの音楽づくりに備えて，本番2週間前までに階名で暗譜するくらいの練習をこなしましょう。

✓ 発声面の課題を克服する

　本番2週間前の時点で，発声面で不安がある場合は，まずはしっかり発声面の課題をクリアしていきましょう。例えば，本番1週間前になって，まだ発声の基本的な事柄の練習をしなければならないとしたら，遅すぎます。

✓ 他のパートを聴く余裕をつくる

　自分に余裕があってはじめて，ハーモニーを意識できるようになります。例えば，自分が歌わないパートも歌うことができるようになると，余裕ができ，自分のパートを歌っているときも聴こえやすくなります。

✓ 通して演奏し，録音する

　コンクールなどで歌う曲を一ステージ分通して演奏し，録音を聴いてみると，部分的な練習では問題にならなかった部分の不具合が見つかることが多いです。これは，主にスタミナや注意力の問題から生じる不具合です。

✓ **外部ピアニストとの合わせ練習をする**
　外部ピアニストを依頼している場合は，ピアニストとの合わせ練習を入れていく必要があります。

✓ **ホールなどの広い会場を借りての練習をする**
　アンサンブルとは，自分の耳に聴こえる人の出す音と，自分の出す音をすべての瞬間において最適化を繰り返していく作業です。

✓ **モチベーションを保つ**
　10代の学生，特に中学生への合唱指導は「声変わり中という人生で一番コントロールしづらい時期の咽頭と喉頭を，見事に呼吸と融合させる」というウルトラC難度のわざを，いかに彼らのモチベーションを保ちながら一緒に理想の音楽を追求していけるかにかかっています。

　本番2週間前の注意点は，次の通りです。
①**煮詰まってしまう**
　すべての改善点は目の前で鳴っている歌声を注意深く聴くことで発見することができます。もしその場で聴いても煮詰まってしまい，改善点が見つからない場合は，例えば，練習を録音することで客観的に聴くことができます。
②**抽象的な指導やイメージを伝える指導がうまくいかない**
　抽象的な指導やイメージを伝える指導は，上級者でない限りはあまりうまくいかないでしょう。極力具体的に，わかりやすく改善点を伝えるのがよいでしょう。
③**短所ばかり目につく**
　毎日一緒に練習していると，短所ばかり目につくようになるかもしれません。しかし，短所を指摘することは，生徒同士でも可能です。指導者の役目はむしろよいところを見つけて，ここぞと言うときにほめることです。

13　本番前の指導法—1週間前

✓ 体調管理をする

　「風邪をひいていいのは1週間前まで」というくらいの意識で，体調管理をしましょう。体調管理も実力のうちです。1週間前になったら本番に向けて徐々にコンディションを整えていく必要があります。合唱は自分の身体が楽器です。指導者は，歌わせすぎに注意する必要があります。

✓ 音楽表現と発声を結びつける練習に取り組む

　本番1週間前になって，まだ発声の基本的な事柄の練習をしなければならないとしたら，遅すぎます。多くの場合，本番直前に発声が迷子になってしまうのは，音楽表現と発声がちぐはぐになっていることが原因です。音楽表現と発声を結びつける練習に取り組みましょう。

✓ 一パート一人で歌う練習をする

　本番は緊張するものです。緊張対策として有効なのは，一パート一人で歌う練習です。コンクールなどで歌う曲を，本番さながらにメンバーの前で一パート一人で歌う練習をします。演奏後は互いに感想を伝え合いましょう。

✓ 本番の並びを検討する

　一パート一人で歌う練習を行うことで，メンバー一人ひとりの歌唱状況やコンディションを確認することができます。

✓ パートの声をブレンドする

　本番1週間前に気になってくるのが，パートの声のブレンドです。パートの声をブレンドする方法は大きく分けて2種類あります。

①声が出ている子を目立たないように弱く出させる
②声が出ていない子に自信をもたせて強く出させる

　本番１週間前に陥りがちなのは①です。本番の仕上がりを意識するあまり小さくまとまってしまうのです。多くの本番は，広いホールで行われます。音楽室で練習しているときは声が出ている子の声が目立ってしまっているような気になって，目立たないように弱く出させる指導をしがちです。しかし，このやり方だと，本番は合唱団全体が萎縮してよい演奏にならないことが多いのです。

　オススメは②です。本番に向けての自信をもたせるためには，以下のような個人練習が有効です。

個人練習の仕方
　練習は録音します（iPhone の録音アプリなど）。
①ピアノで弾いたものを聴き，声に出さず心の中で歌ってみる
②適切だと考えられる音色，音高，音量などを思い浮かべる
③実際に歌ってみる
④録音を聴いて，②で思い浮かべた音像と③とのギャップを感じる
⑤改善する→①に戻る
⑥自分で改善できないものについては，指導者の指示をあおぐ

14　本番前の指導法―3日前

✓ 指揮者モードとトレーナーモードを切り替える

　指揮者として，常に演奏曲の理想の形，あるべき姿を自分の中に音として思い浮かべ続けましょう。指揮者の中に常に新しい音楽がなければ，段々マンネリに陥ります。そして，その新しい音楽を歌い手に伝え続けましょう。直前期における「大体こんなものかな」という油断は，本番の仕上がりに悪影響を与えてしまいます。

　トレーナー役として，リズム，メロディー，ハーモニーを細かく確認していきます。音楽的に不安な部分を残すと，本番に集中することができません。すでにできるようになったと思っているフレーズも，一人ひとり確認していくと，様々なほつれが生じているものです。本番に演奏する曲についてなら「自分たちの方が審査員や作曲者よりも熟知している」というレベルを目指しましょう。

　細かいアンサンブルトレーニングをしたら，今度は指揮者モードに切り替えて演奏曲を演奏順に通しましょう。指揮者モードのときは技術的な指摘より，フレージングや音色など，曲づくりに関する指摘を行いましょう。そして，それがうまくいかなかったときにトレーナーモードに立ち戻り，細かい調整を行いましょう。

✓ 本番の並びを確定する

　並び方を変えた後は，歌い手がその響きに慣れるための時間が必要です。歌い手に響きに慣れてもらうためには，本番の並びは3日前には確定しておきたいところです。

本番会場の舞台配置図などを参考に，ビニールテープなどで実寸大のひな壇のサイズを再現したり，指揮台とひな壇一段目の距離や，ピアノと指揮台，ピアノとひな壇との距離などを，できるだけ本番を想定したものにしていきましょう。

✓ 音楽室以外で歌う

　音楽室サイズの演奏というものがあります。直前まで音楽室で練習をしてきた結果，ダイナミクスレンジが狭くなり，小さくまとまった演奏になってしまうというものです。

　音楽室サイズの演奏に陥らないために，体育館や廊下，階段の吹き抜けなどで歌ってみましょう。きっと新たな発見があるでしょう。

✓ パート練習をする

　本番が近づくほど，パート練習が大切になっていきます。「もうすでにできている」と思っていても，まだまだ全員ができるわけではないことがあります。本番に向けてよい練習をたくさんしてきたのに，精度が高まらないという場合は，歌唱状況に個人差があるのが原因ということが多いです。

15 本番前の指導法―前日

✓ 木を見て森を見ずにならない

本番直前になると，今まで気にならなかった細かいところが気になり始めるものです。しかし，直前の方針転換はできるだけ避けましょう。

明らかに間違っていて，かつすぐに直せるものは直してしまった方がよいですが，どちらがよいとも言えないもの，例えば，バランスやテンポなどについては，あまりこねくり回すと全体のバランスに影響してしまい，「木を見て森を見ず」というようなことになりかねません。

✓ 演奏不安につながる不確実さを，周到な練習で取り除く

演奏におけるすべての不安，緊張は，準備不足からくるパフォーマンスの不確実さから生じます。つまり「うまくいくかどうかわからない」状態から不安や緊張が生じます。「本番になると，いつも緊張してしまう」というのは，自分はいつも準備不足でステージに乗っていますというのと同じです。

周到に練習を重ねていれば，パフォーマンスの再現率が高まり，自信が生まれます。演奏不安につながる不確実さを，周到な練習でしっかり取り除きましょう。

✓ 本番当日のイメージトレーニングをする

本番に向けてのイメージトレーニングをしましょう。行ったことがある会場ではあれば会場までの移動手段，リハーサル室の位置，舞台への導線などを思い浮かべておきましょう。

✓ 入退場の練習をする

特に舞台に慣れていない学生の場合は，入退場の練習をするとよいでしょ

う。コツはリラックスすることです。落ち着いて，聴きに来てくれた観客に対して少しほほえむくらいが自然です。

✓ 歌いすぎに注意！

　歌いすぎは，練習不足と同じくらい有害です。歌いすぎると，正しい方法で声を出していたとしても不調に陥ります。必要があれば完全に休ませる，見学させる，グループに分けて他のグループが歌っているときは聴いて課題点などをメモするなど，歌いすぎを防ぐ様々な方法を検討しましょう。

✓ プリント読み合わせをする

　顧問の重要な仕事は，本番当日の集合時間，練習，食事，移動手段などのタイムテーブル，持ち物，ホールの情報，緊急連絡先などを記入したプリントを作成することです。本番前日は必ず全員でプリントの読み合わせを行います。全員で読み合わせを行うことで，明日の一日の流れを全員で共有しましょう。

16　本番前の指導法─当日

✓ いかに「指揮者」になれるかを考える

　　合唱部の顧問は，常日頃から指揮者，トレーナー，マネージャー，事務局，経理，営業，宣伝などの仕事を兼ねています。合唱部の顧問は一般的な指揮者とは異なり，本番の指揮をするだけではないのです。

　　したがって，演奏会当日にいかに「指揮者」でいられるか，別の言い方をすれば，いかに「指揮者」以外の仕事をやらなくても一日中問題なく回っていくかを考える必要があります。

　　前日，前々日の準備がまずいと，当日にたくさんの問題が発生してしまい，本番どころではなくなってしまいます。周到な準備をして臨んでも，当日は不測の事態が起こるものです。あらかじめ副顧問の先生や卒業生，父兄の方々と連携をとり，当日の不測の事態に顧問が対応しなければならなくなるリスクを最小限にすることが大切です。

✓ 練習量を減らす or ぎりぎりまでよい音楽を目指して格闘する

　　経験から，2通りのアプローチが考えられます。
　　1つ目は，練習量を減らす。
　　2つ目は，ぎりぎりまでよい音楽を目指して格闘する。
　　前日までにリズム，メロディー，ハーモニーに不安がないようにすると安心して本番を迎えることができます。しかし，なかなかそのようにはいかず，実際には当日ぎりぎりまでよい音楽を目指して格闘することになりますが。

✓ 最終パート練習またはパートミーティングで最終確認を行う

　　本番当日こそ，最終パート練習またはパートミーティングをして最終確認を行いましょう。団結してスクラムを確認しましょう。

✓ 本番直前リハーサルで一通り通す

　コンクールなどでの本番直前リハーサルでは，演奏時間よりもリハーサル時間が長ければ，発声練習→一通り通す。演奏時間とリハーサル時間が同じくらいな場合は，一通り通します。

　本番の演奏に向けて仕上がりに不安があったとしても，指導者は常に前向きな姿勢を保ち，最後までよい音楽を目指して格闘しましょう。諦めたような態度は厳禁です。

✓ 舞台を楽しむ

　舞台を楽しもうという意識がパフォーマンスを高めます。

　猫背になると，舞台で緊張しやすくなります。
　猫背
　↓
　呼吸が浅くなる
　↓
　自律神経のバランスが崩れる（交感神経優位）
　↓
　緊張・ストレスを感じやすくなる

　演奏直後はダメ出しや粗探しをするのではなく，互いに労い合いましょう。

✓ 結果に一喜一憂しない

　コンクールなどの結果に一喜一憂してはいけません。コンクールはよい賞がもらえたら成功，もらえなかったら失敗というものではありません。
　コンクールまでに，どれだけ本気になれたかが問題なのです（次に続く）。

17　演奏の振り返り

　例えば，演奏の録音を聴く，聴いてくれた人に感想を聞く，審査員の講評を読む，合唱祭や演奏会ならアンケートを読むなど，自分たちの演奏を振り返る方法は多岐に渡ります。

✓ **反省会を開く**

　コンクールやコンテストの後に，反省会を開く部活は多いかと思います。コンクールの結果がよいときはあまり取り組みを省みず，結果が悪いと犯人探しのように人のせいにする。これでは学びは深まりません。反省会をするなら，反省するべきポイントは「ベストを尽くしたか」という点です。

　大切なのは結果ではなく，何ができるようになったかです。そして，まだ何ができなかったか。もし次があるとすれば，次にできるようにするためには今後の取り組みをどう変えていけばよいか，です。

✓ **他校の演奏を聴く**

　生徒と一緒に他校の演奏を聴きましょう。そして，立ち姿，表情，声量，音程，音色，音楽づくりなど，自分たちとの違いを感じ，分析しましょう。

✓ **指導を振り返る**

　昔からよく言われることですが，反省しても，後悔しないことが大事です。反省会は責任転嫁の場ではありません。指導者にとって大切な仕事は生徒をほめることです。

✓ **結果が出なくてもクサらない**

　コンクールの結果に一喜一憂することはありません。大切なことは，指揮

者と演奏者がやりたいこと，表現したかったことができたか，部員たちが互いを認め合うことができるようになったか，歌っていて楽しかったか，そして，聴いた人に何かを与えることができたか，です。

✓ PDCAサイクルで指導力を高める

　　PDCAサイクルとは，マネージメントの用語で，Plan（計画）→ Do（実行）→ Check（評価）→ Action（改善）を繰り返すことで業務を改善していく手法です。

　　演奏会やコンクールで思うような結果が出なくても，落ち込む必要はありません。PDCAサイクルで言えば，演奏会やコンクールはCheck（評価）にあたります。大切なのはAction（改善）です。そして，次の一手であるPlan（計画）を導き出し，Do（実行）あるのみです。

　　PDCAサイクル＝ Plan（計画）→ Do（実行）→ Check（評価）→ Action（改善）を繰り返すことで，指導力を高めましょう。

✓ 足りないものに気づく

　　思うような結果が出なかったときこそ，今の自分に足りないものに気づくチャンスです。スコアリーディング，コレペティトゥア（ピアノ），指揮法，ボイストレーニングなど，合唱指導者に必要な能力は多岐に渡ります。

　　一番の近道は，目標を見つけることです。同じ都道府県，同じ地域の他校の先生，地域の合唱指導者の中で目標となる人を見つけること。最初は真似でOKです。学ぶは真似ると，語源が同じという説があります。型から入りて型から出でよ。真似ながら学ぶうちに，あなたのオリジナリティが生まれるでしょう。

Column

本番に弱い

「本番に弱い」ことが悩みであるという人は，結構多いのではないでしょうか。どのようにしたら「本番に弱い」を克服することができるのでしょうか？

合唱において「本番に弱い」原因は主に以下の3つだと考えられます。

①練習不足からくる実力不足

緊張の原因のほとんどは，練習不足からくる実力不足です。日々の練習でしっかり本番に向けて準備をしましょう。

②演奏の機会が少ないこと

人間，誰でも慣れていないことをすると緊張します。練習での一パート一人での発表など，機会を増やしましょう。

③音楽に集中せず，また楽しめていない状態にあること

緊張状態＝集中せず楽しめていない状態だと言えます。練習から常に音楽に集中し，音楽を楽しみましょう。そして，日々，本番を想定して練習に臨みましょう。

まとめると，
「しっかり準備する」
「練習での一パート一人での発表など，機会を増やす」
「練習から常に音楽に集中し，楽しむ。本番を想定して練習に臨む」
ことが大切です。

Part6

さらにレベルアップさせる！
上級者のための
キーワード

01 歌声の理想「明るくて深い声」

まずは，発声の基礎にかかわる上級者のためのキーワードをおさえていきます。

歌声の理想とされる「明るくて深い声」は，古くから「キアーロスクーロ chiaroscuro」と呼ばれてきました。「明るくて深い声」は，声道の調整によって実現することができます。

声の「明るさ」は，声道の狭まり具合（口蓋と舌の距離）によって決まります。

声の「深さ」は，唇の先から声帯（喉仏）までの距離＝声道の長さによって決まります。また，よく「奥」という表現もされますが，声における「奥」とは，言い換えれば声の「奥行き」，または声の「深さ」と言ってもよいでしょう。

✓「明るくて深い声」を実現するポイント

明るい声と暗い声の区別や，深い声と浅い声の区別は，慣れていないとわかりにくいかもしれません。「明るくて深い声」は，どのようにしたら実現することができるでしょうか？

ポイントは，口の開け方です。音色（明るい声，暗い声／深い声，浅い声）は，歌い手が，唇，顎，舌，軟口蓋，顔の頬骨部，喉頭（喉仏）の位置を定めることによって決まります。

	役割	
唇	すぼめる…深くなる	横に引く…浅くなる
顎	開ける…暗くなる	閉める…明るくなる
舌	前…明るくなる	後…暗くなる
軟口蓋	開ける…暗くなる	閉める…明るくなる
顔の頬骨部	下げる…暗くなる	上げる…明るくなる
喉仏	上がる…浅くなる	下がる…深くなる

✓ 喉頭の位置を下げた方がよい？

　喉頭（喉仏）の位置を例に考えてみましょう。喉頭（喉仏）から唇までの距離で声の「深さ」が決まるので，喉頭の位置が高いと，声が浅くなります。それでは，喉頭の位置を下げた方がよいのでしょうか？

　例えば，口を開けることで，喉仏を下げようとしてはいけません。この方法は「馬鹿アゴ」と呼ばれ，歌詞が不明瞭になるまずいやり方です。また，喉仏だけを引き下げようとするやり方もオススメできません。姿勢や呼吸と連動させずに喉仏だけを引き下げようとすると，押しつけた喉詰め声の原因になります。喉頭は，下げるというより，下がるという感じです。姿勢（頭と首，胴の適切な位置関係）と正しい呼吸法（アッポッジョ）を体得すると，喉頭はわずかに下降し，結果として，適切な位置に置かれます。

✓ 「軟口蓋を開ける」「軟口蓋を上げる」の違いとは？

　次に，軟口蓋の位置を例に考えてみましょう。「軟口蓋を開ける」「軟口蓋を上げる」この２つの違いがわかりますか？

　実は，この２つは逆の意味になります。「軟口蓋を開ける」とは，一般的に後鼻腔（咽頭鼻部）と口腔の通路を開けるという意味で使われており，軟口蓋は下がります。「軟口蓋を上げる」とは，文字通り軟口蓋を上げて後鼻腔（咽頭鼻部）と口腔の通路を閉じることを意味します。軟口蓋だけをコントロールしようとしても，なかなかうまくいきません。表情筋を上げながら，よい香りを嗅ぐように鼻から息を吸うと，軟口蓋が上がります。

　また，鼻への通路を解放することで，深い音色をつくるやり方もありますが，あまりオススメできません。鼻が声道とつながるので，オスクーロの部分音が増加する可能性がありますが，クレヨンしんちゃんのような，フガフガした声（開鼻声）になりやすくなります。

　軟口蓋を持ち上げることと，奥歯を離すことは混同しやすいので，注意が必要です。奥歯を離すと中咽頭腔が広がるため，声が一時的に深くなる一方，滑舌が不明になりやすくなるので注意が必要です。

02 多くの発声課題を解決する技術「支え」

　「支え」とは，何でしょうか？　歌うのに邪魔な筋肉の緊張を「力み」と呼び，歌うのに必要な筋肉の緊張を「支え」と呼ぶとわかりやすいです。
　例えば，肺からの呼気をコントロールする方法は2つあります。一つは，声門の閉鎖を強めて呼気をせきとめること，もう一つは，肺が収縮する速度を落とすことです。例えば，喉に「力み」が生じるのは，肺の収縮を妨げる筋肉に「支え」が足りないからです。

✓ アッポッジョで，発声器官の3要素を連携させる

　喉頭での不要な抵抗を増やすことなく，肺が収縮する速度を落とすことができるテクニック，それが「アッポッジョ」です。アッポッジョの語源であるイタリア語の appoggiare は，「寄りかかる，連携する，支える」という意味の動詞です。アッポッジョでは局部的な「力み」を身体全体の「支え」に分散させます。
　アッポッジョは，吸気筋群と呼気筋群が拮抗することで，胸郭の広がりと位置を保つ呼吸法であり，同時に，喉頭の位置と機能を安定させる働きをもつ吸気筋である胸鎖乳突筋の働きによって，喉頭機能の安定と適切な共鳴の保持を実現し，結果として発声器官の3要素を連携させる声楽技術です。

✓「支え」ることで，多くの発声の課題が解決する

　「支え」は，発声器官の3要素を連携させるために必要です。発声器官は，原動力（呼吸管理），振動器（喉頭），共鳴器（声門上の声道）の3つの部分から構成されています。したがって，もし声について何らかの問題を抱えている状態が見られたとしたら，それは単に，共鳴や呼吸法といった独立した問題ではなく，発声器官の3要素の連携に不具合が生じている状態と考える

べきです。

　「支え」ることによって，多くの発声の課題を解決することができます。例えば，女声の息もれ声も，男声の喉声も改善します。

　また，「支え」は，感情，喜怒哀楽と結びついています。「支え」のない歌声は，無表情に聞こえます。

　日本では，一般的に，呼吸法，地声・裏声・頭声的発声，声のあてどころなどが，それぞれ別々に指導，練習されてきました。しかし，これを習得するためには，一般的に時間がかかります。リチャード・ミラーが支持するアッポッジョ・テクニックは，中学生の指導や，初学者の基礎固めに適しています。

　また，アッポッジョは，指導者が姿勢や胸郭の安定を目で確認することができるので，他の呼吸法より指導しやすい技術です。

〈参考文献〉
・リチャード・ミラー著，岸本宏子，長岡英訳『上手に歌うためのＱ＆Ａ―歌い手と教師のための手引書』（音楽之友社）
・リチャード・ミラー著，岸本宏子，八尋久仁代訳『歌唱の仕組み―その体系と学び方』（音楽之友社）

03 よく飛ぶ声をつくる音響エネルギー「歌手のフォルマント」

　体育館やホールなどでも聴こえるように，遠くまでよく響かせるために，「頭頂部に響かせて」「響きを回して」「前歯に響かせて」などこれまで日本では，響きの方向を意識させる合唱指導が一般的でした。
　しかし，アメリカを中心とした近年の声楽発声についての研究において，このように「響きの方向」を意識させることによって，響きが歪んでしまう可能性が指摘されています。

✓ **声のトレーニングの大部分は，キアーロスクーロを保持すること**

　「キアーロスクーロ　chiaroscuro」（明暗法）は，一般的に絵画など，視覚芸術の用語です。歌唱においては，どのような概念でしょうか？　キアーロスクーロは，明るさと暗さの両方を併せもつ，理想的で専門的な発声法による声を指します。
　現代のスペクトル分析法によって，基音とその複数の倍音，つまり，フォルマント群のピークが高低の倍音ともに理想的に配分されているとき，言い換えると，明るい響きと深い響きが理想的なバランスで声に同時に含まれるとき，キアーロスクーロの響きが生まれることがわかっています。
　したがって，声のトレーニングのかなりの部分は，キアーロスクーロの音を保持しながら，その言語にふさわしく声道を調整（母音調整）することになります。

✓ **歌手のフォルマントのある声は「よく飛ぶ声」**

　キアーロスクーロは，キアーロの部分である高いフォルマント（音色をつくる共鳴周波数成分），スクーロの部分である低いフォルマントによって構成されていると言うこともできます。そして，キアーロスクーロのキアーロ

の部分である高いフォルマントを,「歌手のフォルマント」と呼びます。歌手のフォルマントは,3000Hz付近の周波数帯に生じる音響エネルギーであり,歌手のフォルマントのある声は,「よく飛ぶ声」であると言われます。

　それでは,なぜ歌手のフォルマントのある声はよく飛ぶ,つまり,遠くまでよく聴こえるのでしょうか？　その秘密は「外耳道の共鳴効果」にあります。
　日本音響学会『音響用語辞典』（コロナ社）では,「外耳道は空間的に距離をもっているので,その奥に存在する鼓膜を保護するとともに音響学的に共鳴腔として働き,2500～4000Hzの間に約10 dBの音圧増幅作用がある」と説明しています。
　外耳道のもつ,音圧増幅作用によって,「歌手のフォルマント」,すなわち3000Hz付近の周波数帯の音響エネルギーは,聴き手の耳の中で音圧が増幅されます。だから,歌手のフォルマントは聴こえやすいのです。それに対して,いわゆる「そば鳴り声」は,練習室や狭いホールではうるさいくらい鳴りますが,歌手のフォルマントをもたないため,大きなホールではあまり聴こえません。

✓ **上級者には有効なこともある「響きの方向」の意識**
　発声法を身につけて,もうすでに一通り何でも歌えるようになった上級者なら,「響きの方向」を意識することが安定した共鳴を生み出すために有効な場合もあります。
　しかし,例えば,上級者は眉間や頭頂部に声を響かせようとすることで,よい響きを得ることができているとしても,初心者が同じように眉間や頭頂部を意識するだけで,声が響くようになるわけではありません。
　呼吸と声帯の振動,そして,共鳴を連携させる体系的な練習をしない限りは,声は響くようになりません。

04 演奏の印象を決める重要な要素「フレーズの山」

　この項目からは，実際の演奏にかかわるキーワードをおさえていきます。「フレーズの山」は，「フレージング」を考える場合に，頻繁に引き合いに出される比喩的表現です。例えば，音符一つひとつが木々や丘だとすると，フレーズはその木々や丘が集まった山を意味します。

✓ フレーズを思い描く

　歌う前に，どこからどこまでを一つのフレーズとして歌うかを考える必要があります。これをフレージングと言います。楽譜に書かれているスラーは参考になりますが，スラーがない場合にも，フレージングをする必要があります。そして，心の中で歌ってみます。フレーズを思い描くのです。

✓ 音節ではなく句を歌う

　フレージングとは，音節＝シラブルではなく，句＝フレーズを歌うことです。音符と音符の間を歌うためには，一つひとつの音符を十分に引き伸ばし，しっかりとつなぐ必要があります。例えば，「故郷」（高野辰之作詞・岡野貞一作曲）であれば，「う，さ，ぎ」とブツブツ切る「シラブル歌い」ではなく，「うーさーぎー」のようにひらがな一つひとつの間に伸ばし棒を書いたようなレガート＝「フレーズ歌い」をしなければいけません。これをどこからどこまでを一つのフレーズとして考えるかがフレージングです。

✓ アーティキュレーションとフレージングを試行錯誤する

　フレージングに似た概念として，「アーティキュレーション」があります。アーティキュレーションとは，もともと弦楽器の弓使いを指します。弦楽器の弓使いは，歌で言えば，息づかいということになります。アーティキュレ

ーションは，音符に記されているテヌートやスタッカート，アクセントやスラーなどで表されます。また，歌詞のニュアンスなどからも導くことができます。したがって，フレージングが複数の音＝句に対応するのに対して，アーティキュレーションはもっと少ない音＝音節，単語に対応します。

アーティキュレーションとフレージングは，演奏の印象を決める重要な要素です。課題曲のある合唱コンクールでは，どの学校も同じ曲を披露することになります。同じ楽譜をどのように読み込み，どのようなアーティキュレーションをどう聴かせるかが，指揮者のセンスの見せどころです。合唱の練習はボイトレと並行して，本番直前に向けてフレージングとアーティキュレーションを試行錯誤することがメインとなっていきます。

コンクールなどで，楽譜通り演奏できていてテクニックも申し分ないのに，なぜか物足りないという演奏を聴くことがあります。原因はダイナミクスレンジの狭さや音色の単一化などが挙げられますが，フレージングとアーティキュレーションへの無関心もその原因です。それらをしっかり意識した演奏にすることで，一本調子を避けることができます。

そして，よい合唱指導者ほど，一つの楽譜からたくさんのフレージングとアーティキュレーションを引き出します。あの手この手で練習することで，同じ曲をコンクールシーズンを通して様々に楽しく練習するので，合唱団員も飽きることがありません。

フレージングが森であるなら，アーティキュレーションは木々です。「木を見て森を見ず」ということにならないように，アーティキュレーションをこねくり回した結果，フレージングが台無しになってはいけません。常にマクロとミクロの視点のバランスをとりましょう。

フレージング（森）
ゆー きや こん こ　あら れや こん こ
アーティキュレーション（木々）

文部省唱歌「雪」より

05 発声技術の二本柱の一つ「ソステヌート」

　歌において「ソステヌート」とは，楽語上の意味である音価を十分に引き伸ばすことに加えて，よい発声を維持することを意味します。音価とは，音の長さのことです。つまり，その音符（または休符）の開始点から次の符の開始点までがその符の音価です。

　また，ノンブレス（一息）で歌える時間の長さを長くすることも，ソステヌートの技術に含まれます。アジリタとソステヌート（動かす／維持する）は，合唱における発声技術の二本柱です。発声がうまくいっていれば，素早い動きも，長いフレーズを歌うこともできるはずだということです。

✓「声の楽器」を築き上げる

　ソステヌート（維持する）の練習を行うことで，声は耐久力を増し，健全な発声を身につけることができます。ロングトーンを歌うためには，確かな発声技術が必要なのです。

> **ソステヌートの練習のためのエクササイズ**
> ①歌詞を一文字一文字引き伸ばし，できるだけゆっくり読む。
> ②例えば，「故郷」の一拍を４分音符＝80，４分音符＝60，４分音符＝40とテンポを落として読んでみる。
> ③様々なメロディーのテンポを落として歌うことで，ソステヌートの力を高める。

　４分音符＝40くらいだと，「故郷」でも歌うのがなかなか大変になると思います。上記のような練習を行うことによって，一息で歌える時間を長くしていくことが，ソステヌートの練習のキーポイントです。

✓ ロングトーンができないのはなぜ？

「ロングトーンができない」という悩みがよく聞かれます。これはなぜでしょうか？

発声器官は，原動力（呼吸管理），振動器（喉頭），共鳴器（声門上の声道）の3つの部分から構成されています。したがって，声について何らかの問題を抱えている状態は，単に，共鳴や呼吸法といった独立した問題ではなく，発声器官の3要素の連携に不具合が生じている状態であると言えます。

ロングトーンができないという問題も同様に，発声器官の3要素の連携に不具合が生じている状態と考えられます。

06 発声技術の二本柱の一つ「アジリティ」

　「アジリティ」とは英語で俊敏性という意味ですが，イタリア語でアジリタ（agilità）と言う場合は，素早い動きをもつメロディラインや短い音型のことを指します。歌唱技術の用語としては，そのような素早い音型を歌う歌唱技術のことを指します。

　アジリタとソステヌート（動かす／維持する）は，合唱における発声技術の二本柱です。これは，よい発声をしていれば素早い動きも，ロングトーンもどちらも歌えるはずであるという意味です。

✓ 歌唱技術の試金石として使用する

　肺からの気流に対して，声門の閉鎖が強すぎると，素早い動きができなくなります。一方，声門の閉鎖が弱すぎると，音同士がつながってしまいます。したがって，素早い音型を歌うことができるかを確認することによって，発声がうまくいっているかをチェックすることができます。

✓ どこからが「支え」で，どこからが「力み」かを体感する

　発声に必要な身体の緊張を「支え」，発声に不必要な身体の緊張を「力み」と定義すると，どこからが「支え」で，どこからが「力み」かが問題となります。例えば，サポート・メカニズムが硬いというのは，腹壁に力みが生じているということです。どの程度の身体の緊張が支えで，どこからが力みになるのかを体感するための練習が，アジリティの練習です。

✓ アジリティの練習でよい発声を体得する

　素早い動きの練習をすることによって，アッポッジョは体得されていきます。なぜ素早い動きの練習をするのか理由がちゃんとわかって練習すると，

支えに必要な筋肉の成長が始まります。力みに代わって柔軟性のある支えが生まれます。そして，素早い動きを歌うことで，支え＝歌に必要な身体の緊張を身につけると，音色がよくなったり，フレーズの持続期間が延びたりします（ソステヌート）。

✓ アジリティの練習がうまくいかないときは，モノマネ練習をする

アジリタは，腹壁の力みを防ぎ，適切な支えを誘発します。歌い手がお腹を固くしすぎたり，喉詰め発声に陥ったりするなど，身体の一部分だけに頼って歌おうとすると発声器官の連携がとれなくなり，力みの状態になります。そんなときは，以下のモノマネ練習でアジリティの感覚を呼び覚ましてみてください。

> **アジリティの練習のためのエクササイズ**
> 悪役のモノマネ
> …「フッフッフッフッ」（ハミングで含み笑い）
> おばけのモノマネ
> …「う〜ら〜め〜し〜や〜」（たくさんビブラートをつけて）
> 犬のあえぎのモノマネ
> …「はぁはぁはぁはぁ」

いずれのモノマネも，自分の意思でお腹を動かそうとするとうまくいきません。お腹はあくまでも声と連携した結果，動き出します。

✓ アジリティとソステヌートを連携させる

アジリティのフレーズが上手に歌えるようになってきたら，アジリティと同じ筋肉を意識しながら，徐々にソステヌートのフレーズも歌っていきます。アジリティで使った筋肉を意識すると，ロングトーン＝ソステヌートも歌いやすくなることが感じられるでしょう。

07　歌の真髄「レガート」

　レガートとは，音をつないで演奏することです。レガートに歌えるかによって，その合唱団の発声技術の真価が問われます。立派な声でも，ピッチが悪かったり，母音が訛っていたり，シラブルごとに押してレガートに歌えなかったりすると，自己満足に聴こえてしまいます。
　レガート技法は呼気管理＋喉頭の機能，声道の調整によって行われます。

✓ **レガート＝声帯が継続して振動する**
①レガートと呼気管理
　息が途切れてしまうと，レガートになりません。また，音符ごとに後から膨らます「後押し」をしていては，レガートになりません。
②レガートと喉頭の機能
　適切に声帯が振動しなければ，レガートになりません。いわゆる換声点（ボイスチェンジ，チェンジポイント：音域をまたいで声質が変化する箇所）をまたぐときに声帯の振動がとまらないように息を流さなければなりません。

✓ **なめらかな口のうごきをする**
　レガートと声道の調整は，密接な関係があります。音色がコントロールされなければレガートになりません。一つのフレーズ内で音色が不用意に変化してはいけません。例えば，口をパクパクしてしまうと，レガートに歌えません。酸素が足りない水槽の魚のように口を動かしてはいけません。

✓ **レガートリズム読みをする**
　声帯の振動がとまらないように，かつ，なめらかな口のうごきでリズム読みをしてみましょう。子音を雑に扱ったり，母音が浅くなったり，深すぎた

りしないようにする練習が必要です。子音と母音の取り扱いが下手だと，レガートのラインに不快な突出が生まれてレガートに聴こえにくくなります。リズム読みの時点で，あらゆる母音と子音の組み合わせ，音の高低，すべての条件においてレガートにする練習を徹底しましょう。

✓ 情感を込めたレガートリズム読みをする

情動が表情，呼吸と声道に影響するという研究があります。これは歌い手が感じている情感が，発声に影響することを示唆しています。したがって，いやいや歌っているようでは問題外ですが，発声やリズム，音程に不安を感じながら歌うと，発声に影響が出てしまい，レガートが阻害される原因になりかねません。

✓ ソーセージ歌いをする

ソーセージのように一音一音後押しする歌い方もレガートを台無しにしてしまいます。音節ごとに事細かに，歌詞の感情や理解の深さを表現しようとしすぎると，意識がフレーズにではなく各音節に向けられてしまい，結果としてレガートで歌えなくなってしまいます。

✓ zやv子音で歌う

レガートに歌うには，支えを習得する必要がありますが，zやv子音で歌うと，アッポッジョの呼気と吸気がせめぎ合う感覚（＝吐きたいけど吐けない感覚，例えば，咳をこらえる，浮き輪を膨らます，細いストローに息を吹き込む感覚）を意識することができ，ゆえにzやv子音で歌う練習をすると，支えの感覚が身につき，レガートで歌える可能性が高まります。

おわりに

　人生，誰でも今日が一番若い。

　大学を卒業し，合唱指導の仕事を始めて10年。多くの方々のおかげで，本書を書き上げることができました。お世話になっているすべての方に感謝いたします。特に本書の編集者である明治図書出版の赤木さんに，この場を借りて感謝いたします。

　本書には，現時点で筆者がベストだと考える方法論を詰め込みました。
　巷に合唱指導の方法論はあふれていますが，情報に振り回されそうになったときは，本書の気になる部分をその都度，読み返していただければ幸いです。

　筆者の好きな言葉に，
　「人生，誰でも今日が一番若い」
という言葉があります。

　人生，誰でも今日が一番若い。何かを学び始めるとき，先延ばしをせず，今始めれば，明日の自分が変わります。そして，今始めることが，未来の自分の教え子たちへの手助けになるのです。

　人生，誰でも今日が一番若い。
　今始めること。
　そして，継続は力なり。

筆者にとっての一番の喜びは，誰かの役に立つことです。そして，それは仕事であっても，ボランティアであっても，本質は同じだと考えています。自分が一生懸命，全力で取り組むことによって，自分の存在，知識，技能が誰かの役に立つ。そして，それが自分の生きがい，やりがいになる。筆者はそう確信しています。

　筆者はこれからも，よりよい合唱指導を求めて自分の人生を突き進んでいきます。目の前の子どもたちのために最善を尽くす，あなたを応援し続けられる存在でいられるように。

2017年5月

黒川和伸

【著者紹介】
黒川　和伸（くろかわ　かずのぶ）
合唱指揮者。1979年生まれ。千葉県出身。
市川市立南行徳中学校合唱部での田中安茂氏との邂逅により合唱を始める。
千葉大学教育学部音楽科，および東京藝術大学音楽学部声楽科卒業。東京藝術大学大学院修士課程（音楽教育専攻）修了。音楽教育を佐野靖，声楽を多田羅迪夫，福島明也，指揮法を高階正光，樋本英一，ボイストレーニングを永田孝志の各氏に師事。VOCE ARMONICA 指揮者として声楽アンサンブルコンテスト全国大会一般部門第１位金賞を受賞。全日本合唱コンクール全国大会において銀賞を受賞。ボイストレーナーを務める松戸市立第一中学校合唱部，市川市立第五中学校が全日本合唱コンクール全国大会において金賞を受賞している。
現在，東京藝術大学 ALC 教育研究助手。放送大学非常勤講師。15の合唱団にて指揮者。日本合唱指揮者協会会員。千葉県合唱連盟理事。松戸市合唱連盟理事長。趣味は英語学習（英検準１級）。

中学校音楽サポートBOOKS
超一流の指揮者がやさしく書いた合唱指導の本

2017年8月初版第１刷刊 2017年11月初版第２刷刊	Ⓒ著　者	黒　　川　　和　　伸
	発行者	藤　原　光　政
	発行所	明治図書出版株式会社

http://www.meijitosho.co.jp
（企画・校正）赤木恭平
〒114-0023　東京都北区滝野川7-46-1
振替00160-5-151318　電話03(5907)6702
ご注文窓口　電話03(5907)6668

＊検印省略　　　　　　組版所　株式会社明昌堂

本書の無断コピーは，著作権・出版権にふれます。ご注意ください。

Printed in Japan　　　　　　ISBN978-4-18-236219-4
もれなくクーポンがもらえる！読者アンケートはこちらから　→

好評発売中!

学級の総合力の試金石「合唱コンクール」成功へのステップ

音楽が苦手な先生にもできる!

学級担任の合唱コンクール指導

石川 晋 著

A5判／120頁／1,560円+税

図書番号 0073

音楽とは無縁な先生でも、担任であれば避けて通れない「合唱コンクール」という一大行事。本書では、担任する学級を必ず最優秀賞に導いている、先生の指導の秘訣を大公開しました! 学級づくりの一端を担うこの行事に向けて、見通しをもって、知識と技術を携えて指導をしていくためのポイントを網羅しました!

生徒が本気になる音楽授業をつくる!

スペシャリスト直伝!

中学校音楽科授業成功の極意

小森 聡 著

A5判／160頁／1,960円+税

図書番号 1352

「何で音楽の授業をするの?」と言っていた生徒が卒業時に「仲間と一緒に歌うからこそ素晴らしさが共感できた」と感想を残した。

何が子どもを変えたのか、音楽授業でしか育てられないこと、音楽授業があったからこそ子どもたちが成長できたこと、指導のすべてを大公開!

明治図書　携帯・スマートフォンからは **明治図書 ONLINE へ** 書籍の検索、注文ができます。

http://www.meijitosho.co.jp　＊併記4桁の図書番号（英数字）でHP、携帯での検索・注文が簡単に行えます。

〒114-0023　東京都北区滝野川7-46-1　ご注文窓口　TEL 03-5907-6668　FAX 050-3156-2790

＊価格は全て本体価格表示です。